utb 5641

Eine Arbeitsgemeinschaft der Verlage

Böhlau Verlag · Wien · Köln · Weimar
Verlag Barbara Budrich · Opladen · Toronto
facultas · Wien
Wilhelm Fink · Paderborn
Narr Francke Attempto Verlag / expert verlag · Tübingen
Haupt Verlag · Bern
Verlag Julius Klinkhardt · Bad Heilbrunn
Mohr Siebeck · Tübingen
Ernst Reinhardt Verlag · München
Ferdinand Schöningh · Paderborn
transcript Verlag · Bielefeld
Eugen Ulmer Verlag · Stuttgart
UVK Verlag · München
Vandenhoeck & Ruprecht · Göttingen
Waxmann · Münster · New York
wbv Publikation · Bielefeld
Wochenschau Verlag · Frankfurt am Main

Gabriele A. Forster

Effizient lesen

Eine systematische Hilfe für alle,
die zu viel zu lesen haben

expert verlag · Tübingen

Umschlagabbildung: © Lorelyn Medina – stock.adobe.com
Alle Grafiken mit Strichmännchen: Jörg Schiemann/depositphotos.com
Alle Grafiken mit bunten Gehirnen: Anastasia Lembrik/depositphotos.com
Rennpferde und Schnecken: Jörg Schiemann/pahne-schiemann.de
Alle übrigen Grafiken: Gabriele A. Forster/braintrain.de

Bibliografische Information der Deutschen Nationalbibliothek
Die Deutsche Nationalbibliothek verzeichnet diese Publikation in der Deutschen Nationalbibliografie; detaillierte bibliografische Daten sind im Internet über http://dnb.dnb.de abrufbar.

8., überarbeitete Auflage

Dischingerweg 5 · D-72070 Tübingen

Internet: www.expertverlag.de
eMail: info@expert.verlag

Einbandgestaltung: Atelier Reichert, Stuttgart
CPI books GmbH, Leck

utb-Nr. 5641
ISBN 978-3-8252-5641-8 (Print)
ISBN 978-3-8385-5641-3 (ePDF)
ISBN 978-3-8463-5641-8 (ePub)

Inhalt

Übungsverzeichnis

Anmerkung:

In den Übungen werden Originaltexte verwendet. Wenn Ihnen Rechtschreibfehler in den Texten auffallen, ist das ein Zeichen, dass Sie zu langsam lesen. Denn beim SpeedReading geht es ums Verstehen und nicht ums Korrigieren.

„Natürlich sind Sie in der Lage zu lesen!“

> „Natürlich können Sie lesen! Dennoch … Sicher geht es Ihnen wie uns auch: Die tägliche Post, Zeitungen und Fachliteratur, das Aktenstudium, Kommentare durchforsten, Sitzungsvorlagen studieren, sich kundig machen. Früher gab's da noch die schöngeistige Literatur einschließlich der Krimis, aber das ist lange her.
> Es ist einfach unmöglich, alles zu lesen. Vieles fliegt in den Papierkorb. Manches wird auf die Seite gelegt, um es sich später zu Gemüte zu führen. Einiges will man sich noch genauer ansehen, am Abend vielleicht, morgen, am Wochenende. Aber der Berg wird höher. Irgendwann kommt er ungelesen weg, um dem nächsten Platz zu machen.“

So hat es Herr Bürgermeister Herrmann, Teilnehmer unseres BrainTrain-Lesetrainings, einmal formuliert.

Können Sie diese Situation nachvollziehen?

Hinzu kommen die modernen Medien: E-Mails, Newsletter, soziale Medien wie WhatsApp & Co. Die Information lockt überall. Das Wort **Informationsflut** muss man heutzutage niemandem mehr erklären. Jeder weiß, was dieses Wort bedeutet und welche Auswirkungen dieses Phänomen hat: Das Gefühl, keine Zeit mehr für das zu haben, was eigentlich wichtiger oder interessanter wäre.

Holen Sie sich Ihre Zeit wieder!

Stellen Sie sich nun als Erstes vor, was Sie mit dieser Zeit tun könnten:

....

....

....

Was bedeutet hirngerechtes Arbeiten?

Vom Ergebnis aus betrachtet, bedeutet (ge-)hirngerechtes Arbeiten in diesem Kontext, dem Gehirn die Informationen so anzubieten, damit es am besten damit umgehen kann, um dadurch die Informationsflut in den Griff zu bekommen.

Gehirngerechte Arbeitstechniken:

Zunächst liegt ein womöglich großer Stapel Lesematerial vor Ihnen, den Sie schnell sichten oder durchlesen möchten. Mit richtig angewandtem **Speed-Reading** erhöht sich automatisch Ihre Konzentration und Sie sparen viel Zeit für Wichtiges. Möchten Sie sich Teile aus dem Gelesenen notieren, dann ist **MindMapping** ideal. Möchten Sie Teile daraus zielsicher aus dem Gedächtnis abrufen können, so führt der schnellste Weg über die **Mnemotechniken**. Gehirngerechte Arbeitstechniken führen zu Entlastung, mehr Zufriedenheit, fördern Ihre Gesundheit und Leistungsstärke.

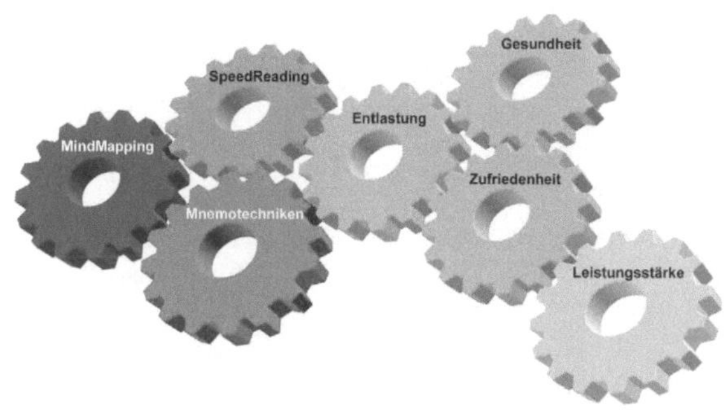

Dieses Buch ist also ein idealer Startpunkt zum Einstieg ins gehirngerechte Arbeiten.

Herzlichen Glückwunsch zu Ihrer Wahl!

Lesen Sie dieses Buch nicht!

Dieses Buch wurde für Erwachsene geschrieben. Es ist anders aufgebaut als herkömmliche Bücher. Erwachsene eignen sich Wissen anders an als Schüler. **Lesen Sie dieses Buch deshalb nicht!** Die einzelnen Kapitel sind modular handhabbar und sind deshalb auch nicht nummeriert. Picken Sie die für Sie interessanten Teile heraus und **gehen Sie schnell dazu über**, die **Übungen** zu **bearbeiten**.

Starten Sie inhaltlich bitte, wo und wie es sich für Sie gut anfühlt. Am Anfang, bei den Zitaten am Ende oder bei einzelnen Stichwörtern, die Sie im Moment interessieren. Der Frageteil zu Beginn oder die Checkliste am Ende des Buches kann Ihnen diesbezüglich eine Hilfe sein. Vielleicht lesen Sie auch nur einfach die fett gedruckten Textteile. **Die Übungen bringen den Erfolg! Es empfiehlt sich, diese in der gegebenen Reihenfolge durchzuführen. Bleiben Sie jeweils so lange bei einer Übung, bis sie mit dem Übungsergebnis zufrieden sind.** Das motiviert, am Ball zu bleiben und bringt Sie systematisch vorwärts. Nicht zuletzt deshalb ist die Theorie in diesem Buch bewusst kurzgehalten.

Wenn Ihnen **Stichwörter unbekannt** vorkommen oder falls Sie mehr darüber wissen möchten, blättern Sie einfach mit Hilfe des **Stichwortverzeichnisses** dorthin. **Dies wird Sie weiterbringen.**

Die **Fußnoten** in diesem Buch sind nur dann interessant, wenn Sie mehr zum Thema erfahren möchten. Das Lesen aller Fußnoten würde Sie jedoch im Textverständnis ausbremsen und Ihnen nur wenig Nutzen bringen. **Lassen Sie sie ruhig aus.**

Nehmen Sie sich nur so viel vor, wie sie auch umsetzen können. **Ein Tipp pro Woche reicht** in der Regel **völlig aus**. Wenn Sie diesen dann in den folgenden Tagen beherzigen und routinieren, haben Sie schon **viel gewonnen**.

Ich selbst habe sehr viele Jahre lang so gelesen, wie es uns in der Schule beigebracht wurde. Danach habe ich einige Zeit benötigt, die neuen Lesetechniken kontinuierlich anzuwenden und sie zu stabilisieren. Es hat sich gelohnt! Bauen Sie sich keinen Druck oder gar Stress mit den neuen Techniken auf. Sie haben vermutlich schon genug zu tun. Sie haben bisher auch überlebt. Man kann jedoch auch viel besser „überleben"!

Heute kann ich von mir sagen, dass ich mit unterschiedlichen und hohen Geschwindigkeiten schnell oder gründlich lesen kann, so wie ich es mir schon immer gewünscht hatte. Korrekter wäre wohl, wie ich es schon immer gefühlt hatte. **Wir Menschen fühlen, wenn unser Leseverhalten ineffektiv und zugleich ineffizient ist:** Die Konzentration geht verloren, man liest Texte mehrfach, Lesen wird anstrengend und das Ergebnis rechtfertigt den eingesetzten Zeitaufwand nicht. Dadurch geht die Lust am Lesen verloren. Lesen wird mit Lesen „müssen" verbunden, und da das Ergebnis den hohen Zeitaufwand nicht rechtfertig, **fühlt es sich häufig wie Zeitverschwendung an**.

Surfen Sie künftig auf der Informationsflut.
Das macht Spaß!

Sie können Ihre Lesegewohnheit ändern! Sie wissen, wie das mit Gewohnheiten so ist: Bei manchen Lesern geht es schneller und bei anderen dauert es ein bisschen länger, bis neue Techniken zur Gewohnheit werden. Das Wichtigste ist: Es gibt keine hoffnungslosen Fälle. **Jeder kann schneller lesen und damit zugleich das Textverständnis verbessern!** Der einzige Unterschied zwischen Ihnen und mir ist, dass ich es bereits getan habe und Sie gerade dabei sind, diese Schatzkiste zu öffnen, um deren Inhalt zu entdecken.

Sie können in diesem Buch also dort anfangen, wo Sie möchten. Das hatte ich Ihnen schon versichert. Jedes Kapitel ist wichtig und wird Sie weiterbringen. **Darf ich Ihnen dennoch zwei Schlüsselthemen ans Herz legen?** Letztlich besteht jedes rationelle Lesen aus zwei Bereichen:

- Anzahl der Fixierungen vermindern
- Blickspanne optimal ausnutzen

Oder **Sie möchten sofort mit den Übungen beginnen? Na klar!** Wie bereits erwähnt, bearbeiten Sie die Übungen **idealerweise in der angebotenen Reihenfolge**.

Übrigens, das Buch enthält ähnliche Übungen wie unsere **BrainTrain-Seminare** zum Schnellen Lesen. Dort erreichen die Teilnehmer in kurzer Zeit erstaunliche Verbesserungen ihrer Lesefähigkeit.

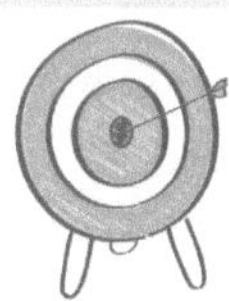

Die Übungen bringen den Erfolg!

FAQ – Fragen und Antworten zum Inhalt

Wenn Sie dieses Buch nicht von vorne beginnend lesen möchten, finden Sie hier Fragen zum Inhalt des Buches. Am besten suchen Sie die Antworten mit Hilfe der Seitenverweise im jeweiligen Abschnitt, bevor Sie die Antworten der Autorin lesen.

Haben Sie dieses Buch bereits gelesen, können Sie anhand folgender Fragen Ihr Textverständnis und Ihr Gedächtnis überprüfen und Inhalte auffrischen.

Die häufigsten Fragen unserer Seminarteilnehmer

1. Mit welcher **Geschwindigkeit** soll ich lesen, wenn ich auf ein besonders **hohes Textverständnis** Wert lege? Und, um wie viel kann ich meine Lesegeschwindigkeit grundsätzlich erhöhen.
2. Wie kann ich das **Wichtige** in diesem Buch **leichter behalten**?
3. Wie lese ich **Texte**, mit denen ich mich am liebsten gar nicht beschäftigen möchte, sie aber trotzdem **lesen muss**?
4. Mit welcher **Geschwindigkeit** sollte ich lesen, wenn ich **wenig Zeit** zur Verfügung habe?
5. Was bedeutet **überfliegendes und suchendes Lesen**?
6. Wie erkenne ich **das Wichtige** beim Lesen?
7. Was bedeutet das Wort **Fixierungen** (oder **Fixation**)?
8. Kann ich meine **Blickspanne** wirklich erweitern?
9. Ab wann können sich meine **Kinder** das effiziente Lesen aneignen?
10. Welches ist die beste **Methode**, mir das schnelle Lesen anzueignen?
11. Was bedeutet **inneres Mitsprechen** und wie kann ich es mir abgewöhnen?
12. **Wie lange benötige ich**, um effizienteres Lesen zu lernen?
13. Was kann ich tun, um meine **Konzentrationsfähigkeit** zu steigern?
14. Was ist besser – **Blocksatz oder Flattersatz**?

Bitte finden Sie die Antworten auf diese Fragen zunächst selbst, indem Sie die Seitenverweise nutzen. Die Antworten der Autorin sind lediglich als Bestätigung gedacht.

Hier kommen meine Antworten auf die gestellten Fragen:

1. Die **Lesegeschwindigkeit** wird, nachdem Sie ein BrainTrain-Lesetraining **mit diesem Buch** absolviert haben, **in etwa 50 % über Ihrem Anfangstest** liegen. Die genauen Werte differieren zwischen 35 % und 70 % Steigerung gegenüber den Ergebnissen des Anfangstests. Dadurch **wird** Ihre **Konzentration steigen**. Daraus ergibt sich die Geschwindigkeit, mit der Sie die Texte lesen sollten, bei denen Sie besonderen Wert auf ein hohes Textverständnis legen. **Dass Sie in der Geschwindigkeit richtig liegen, merken Sie daran, dass Sie beim Lesen konzentriert sind.** Dass Konzentration eine Voraussetzung für das effiziente Lesen ist, ist ein Irrglaube. **Konzentration ist ein Ergebnis** des effizienten Lesens! Den Anfangstest finden Sie im gleichnamigen Kapitel. Grundsätzlich sind jedoch Geschwindigkeitssteigerungen um ein Mehrfaches möglich. Solche Steigerungen können Sie in einem Seminar unter individueller Anleitung erreichen. Mit den Übungen aus diesem Buch machen Sie einen sehr guten Anfang und steigen ideal in das Thema „Lesen in gehirngerechter Geschwindigkeit" ein.

2. Das Wichtige in diesem Buch können Sie leichter behalten, indem Sie die Übungen nacheinander durchführen. Ausführungen dazu finden Sie zusätzlich im Kapitel „Wichtiges aus diesem Buch leichter behalten".

3. Texte, die Sie wenig interessieren, die Sie jedoch trotzdem lesen müssen, sollten Sie zunächst auf jeden Fall **suchend und/oder überfliegend lesen**. Dies reicht oft schon aus. Stellt sich heraus, dass Sie ihn genauer lesen sollten, so wissen Sie schon zu Beginn, dass dieser Text Ihre Zeit wert ist. Dadurch wird er automatisch interessanter. Uninteressante und gleichzeitig relativ unwichtige Texte stehlen Ihnen bei dieser Vorgehensweise dann keine Zeit mehr. Details zum suchenden und überfliegenden Lesen finden Sie ab dem Kapitel „Das suchende Lesen".

4. Wenn Sie nur wenig Zeit zur Verfügung haben, ist es effizienter, **überfliegend**, besser noch, **suchend** zu **lesen**. Dabei sind Geschwindigkeiten **zwischen 700 und 1500 Wörtern pro Minute** sinnvoll. Details hierzu finden Sie ab dem Kapitel „Das suchende Lesen".

5. **Überfliegendes Lesen** ist die Fähigkeit, **anhand von Fragestellungen** interessante Textstellen zu finden und nur die wichtigsten Passagen zu lesen. Beim **Suchenden Lesen** findet man die lesenswerten Stellen **mit Hilfe von Suchwörtern, also Schlüsselwörtern**. So wird beim Lesen von Zeitungsartikeln eine durchschnittliche Geschwindigkeit von **600 bis 1000 Wörtern pro Minute oder mehr** erreicht. Wenn (Sach-/Fach-) Bücher auf diese Weise gelesen werden, wird eine erheblich höhere Geschwindigkeit erreicht.

   Details zum überfliegenden Lesen finden Sie im Kapitel „Das überfliegende Lesen" und zum Suchenden Lesen in Antwort Nr. 6.

6. Das Wichtige beim Lesen erkennen Sie an **Schlüsselwörtern**. Diese Schlüsselwörter sind von Beruf zu Beruf und von Interessensgebiet zu Interessensgebiet unterschiedlich. In den BrainTrain-Seminaren üben wir mit verschiedenen vorgegebenen Schlüsselwörtern, um die Effekte der Technik zu erleben. Letztlich sind die Schlüsselwörter von Person zu Person unterschiedlich. Wurde ein Schlüsselwort gefunden, werden nur die damit zusammenhängenden Bereiche mit reduzierter Geschwindigkeit gelesen. Wird das gefundene Schlüssel-Themengebiet verlassen, wird in hoher Geschwindigkeit nach dem nächsten Schlüsselwort gesucht. Wichtig ist, dass die Schlüsselwörter vor dem **Suchenden Lesen** festgelegt werden. Man lässt sich also nicht von ihnen überraschen, sondern man sucht die wesentlichen Stellen aktiv. Details hierzu finden Sie ab dem Kapitel „Das suchende Lesen".

7. **Fixierungen** oder Fixationen sind kurze Stopps in den Augenbewegungen beim Lesen. Unsere Augen bewegen sich nicht fließend von links nach rechts im Text, sondern machen kurze Stopps, um die Textinhalte aufzunehmen. Je weniger Stopps pro Zeile gemacht werden, desto schneller können Sie lesen. Details hierzu finden Sie ab dem Kapitel „Die Fixierungen".

8. Die **Blickspanne** lässt sich **besser ausnutzen**. Weil uns irgendwann wiederholt gesagt wurde: „Schau genau hin!", schauen wir auf jedes Wort. Dabei vernachlässigen wir die Fähigkeit, mehr mit einem Blick aufzunehmen. **Je mehr wir jedoch mit einem Blick aufnehmen, desto**

schneller können wir lesen. Manche Personen glauben, dass die Blickspanne bei normaler Leseentfernung mit einem großen Geldstück vergleichbar sei. Dem widersprechen Versuche, bei denen Personen die beste Leseentfernung ermitteln sollen. Diese Personen können bei nur ganz geringfügiger Erhöhung der Leseentfernung plötzlich die gesamte Zeile überblicken. Dabei ist der Bereich des scharfen Sehens erheblich größer als ein Geldstück sein könnte. Details hierzu finden Sie im Kapitel „Die Blickspanne trainieren".

9. Sie können **Kindern** ab circa 10 Jahren das effiziente Lesen beibringen. **Voraussetzung** ist, dass die Kinder **flüssig lesen können** und auf altersgerechtem Niveau keine Worterkennungs-Schwierigkeiten mehr haben. Bringen Sie ihnen die Techniken schrittweise bei und überfordern Sie sie nicht. Sagen Sie zu einem Kind **im Leselernprozess nie** „Lies schneller!". Bei Fragen hierzu, freue ich mich über Ihre Nachricht per E-Mail.

10. Es gibt mehrere Methoden. Es gibt Menschen, denen es auf Anhieb gelingt, sich das effiziente Lesen mit einem Buch ganz leicht selbst anzueignen. Andere tun sich schwerer damit. Die Gründe dafür sind vielfältig. Meist wird lediglich der Text gelesen und die Übungen werden übersprungen. „Die mache ich später." **Tatsächlich bringen jedoch nur die Übungen einen Fortschritt im effizienten Lesen.** Die beste Methode ist für viele Menschen, ein Seminar zu besuchen. Es gibt Seminare schon ab einem Tag (Details finden Sie unter www.braintrain.de). Wichtig ist, dass Sie in einem guten Seminar unter Anleitung viele Übungen mit Sachtexten machen. Diese Seminare sollten nicht viel mehr als 12 Teilnehmer haben. Es muss in den Seminaren eine gute Mischung von vielen Übungen, individueller Anleitung und Erfahrungsaustausch geben. Weil jeder Mensch unterschiedlich liest, ist die individuelle Anleitung besonders wichtig.

    Für manche Personen ist die eine Lesetechnik besser geeignet; andere Personen machen bessere Erfahrungen mit einer anderen Technik. Das frühzeitig zu erkennen, macht die Qualität eines guten Seminarleiters aus.

11. Das **innere Mitsprechen** ist sehr weit verbreitet. Wer sich den Text quasi selbst vorliest, wird kaum in die sehr hohen Lesegeschwindigkeiten kommen. Es gibt auch keinen Grund, sich den Text vorzulesen – außer der antrainierten „Gewohnheit". Gewohnheitsänderungen fallen meist zunächst recht schwer. Sie können sich jedoch das innere Mitsprechen (Subvokalisieren) langsam mit wenig Aufwand abtrainieren. Dann ist es nicht mehr schwer. **Dazu hat BrainTrain eine Lesehilfe entwickelt**, mit der Sie sich – bei regelmäßiger Anwendung – innerhalb von sechs Wochen das Subvokalisieren abgewöhnen können. Nähere Details zu diesem Thema finden Sie im Kapitel „Die Lesebremsen".

12. Möchten Sie ausschließlich mit diesem Buch zu einem guten Ziel kommen, so hängt es davon ab, in welchem **Zeitraum** und mit welchen **Abständen** Sie die Übungen durchführen. In einem Seminar erlernen Sie die dazu notwendigen Techniken schon in 1–2 Tagen so weit, dass Sie sie auf Ihr tägliches Lesematerial anwenden können.

13. Erhöhen Sie Ihre Fixierungslänge durch **Blickspanne-Übungen** und nehmen Sie dadurch beim Lesen mehr Text in kürzerer Zeit auf (Übungen hierzu finden Sie im Kapitel „Die Blickspanne trainieren"). Im Prinzip ist Ihrem Gehirn bei zu wenig Input langweilig. Es geht spazieren und sucht sich anderweitig Beschäftigung. Dies führt auch zu Ablenkungen, die oft als Konzentrationsmangel ausgelegt werden.

    Zudem spielt der **Wasserhaushalt** Ihres Körpers eine große Rolle. Trinken Sie nebenher viel Wasser, Saftschorle oder andere Getränke ohne künstliche Süßungsmittel und ohne Alkohol. Ihre Konzentrations- und Leistungsfähigkeit wird durch den höheren Wasserkonsum steigen.

    Nehmen Sie mit der **Ernährung** insbesondere Nahrungsmittel mit Vitamin B1, B6 und B12 zu sich. Mittags eignet sich eine leichte Mahlzeit. „Ein voller Bauch studiert nicht gern." Ein Satz, der auch heute noch gilt.

    Einige Stoffe, wie beispielsweise die „Southampton Six", können konzentrationsstörend wirken. Details hierzu finden Sie im Kapitel „Sitzposition und Ernährung".

Manchmal ist eine einseitige **Sitzposition** Ursache für Ermüdungserscheinungen. Daher: Wechseln Sie öfter einmal die Sitzposition!

Weiterhin könnten Sie einmal feststellen, **wie lange** Sie sich voll konzentrieren können, wenn Sie die Lektüre tatsächlich interessiert. Vermutlich wird Ihre persönliche Konzentrationsfähigkeit zwischen 10 Minuten und 25 Minuten liegen. Machen Sie vor dem Ende Ihrer persönlichen Konzentrationsfähigkeit eine kurze **Konzentrationspause**. Verändern Sie Ihre Körperposition und denken Sie kurz an etwas anderes. Wenige Sekunden reichen aus. Danach arbeiten Sie weiter.

Details zu diesen Themen finden Sie weiter hinten im Buch. Nutzen Sie hierzu bitte einfach das Stichwortverzeichnis.

Machen Sie sich bitte bewusst, **dass Sie gerade dabei sind, eine Gewohnheit zu ändern**. Die schwierigste Hürde ist, daran zu denken, es zu tun, also, die erlernten Techniken in der persönlichen Praxis einzusetzen. **Das Gehirn benötigt das Signal**, dass das neue Leseverhalten auch weiterhin gelten soll. Hier **reichen bereits 5–10 Minuten pro Tag** völlig aus. Das Schöne daran ist: **Mit jeder Übung an Ihrem eigenen Material sparen Sie wertvolle Zeit!**

Die Informationsflut

Etwas Menschliches ...

Überlegen Sie zu Anfang bitte einmal kurz: **Wozu lesen Sie eigentlich?** Wenn ich diese Frage Teilnehmern stelle, so werden am häufigsten folgende Gründe genannt:

> **„Wir lesen zur Weiterbildung, zur Information, aus Interesse, zur Unterhaltung und um Gespräche, Sitzungen oder Besprechungen vorzubereiten."**

Was ist wichtiger als das Lesen für Beruf und Weiterbildung? **Alles!** Selbst Spaß haben ist wichtiger. Verstehen Sie mich bitte richtig: Letztlich lesen wir, um Inhalte zu verstehen. Das, was auf dem Papier oder Bildschirm geschrieben steht, soll in der Wahrnehmung nach Wesentlichem gefiltert werden. Lesen für Beruf und Weiterbildung ist also ein reines Instrument. Ein Mittel, das eigentlich Wichtige schnell zu erledigen, um mehr Zeit für andere wichtige Dinge zu haben. Die meisten Menschen investieren täglich sehr viel Zeit ins Lesen, pro Tag oft mehr als 4 Stunden. **Lesen zur Unterhaltung, sprich zum Genuss, ist etwas völlig anderes.** Dort möchte ich Zeit mit Lesen verbringen. Das möchte ich bei Informationstexten nicht. Bei Informationstexten möchte ich schnell an die Informationen kommen.

Nach dem Lesen fragt man sich häufig: „Was habe ich eigentlich gelesen?" Im Vergleich zur investierten Zeit ist der Behaltenserfolg nämlich ziemlich gering. Konkret: **Nach dem Lesen wissen die wenigsten Menschen detailliert, was sie soeben gelesen haben.** Gleichzeitig fühlen sich die meisten Menschen durch viel zu viele Informationen förmlich erschlagen. So beschreiben es auch mehrere Befragungen.[1] Selbst viele Kinder und Jugendliche wissen heute schon ohne weitere Erklärung, was mit dem Begriff Informationsflut gemeint ist. Ist das nicht schade?

Kennen Sie dieses Phänomen? Man kommt am Textende an und hat das Gefühl, den Text überhaupt nicht gelesen zu haben? **Willkommen im Club!** Wir werden auf dieses Phänomen später noch in den Themen zur Blickspanne und zu den Lesebremsen zu sprechen kommen.

---

1 so auch S. Lehr, Erlangen: Die psychologischen Voraussetzungen zur Verarbeitung der Informationsflut, in: B. Fischer, W. Baumstark (Hrsg.): Strategien zur Bewältigung der Informationsverarbeitung, Sonderdruck der Referate des 11. Bundeskongresses der Gesellschaft für Arbeitsmethodik e.V., S. 35.

Anfangstest

Lassen Sie uns zunächst feststellen, wie schnell Sie momentan lesen. Dies ist wichtig, damit Sie für sich eine Vergleichsbasis bekommen. Wie könnten Sie später sonst nachvollziehen, dass Sie schneller lesen als vorher?

Ziel: Ermittlung Ihrer momentanen Lesegeschwindigkeit und Ihres Textverständnisses bei dieser Geschwindigkeit.

Vorgehen: Bitte lesen Sie den folgenden, über mehrere Seiten gehenden Text. Lesen Sie diesen Text in Ihrer **momentanen ganz normalen Geschwindigkeit**. Nach dem Lesen werden zu den Textinhalten Fragen gestellt.

Bitte messen Sie die Lesezeit **sekundengenau**. Sie könnten hierfür die Stoppuhr auf Ihrem Mobiltelefon nutzen oder die Zeiten anderweitig erfassen.

Beginn des Lesens: .... Uhr

Schanghai-Express

Wenn ich an die schon damals größte, modernste und geschäftigste Stadt von China zurückdenke, erscheint mir Schanghai ebenso faszinierend wie unwirklich. Wenn auch 99 Prozent der auf drei Millionen – heute neun Millionen! – geschätzten Bewohner Chinesen waren, machte Schanghai trotzdem, oberflächlich betrachtet, einen überwiegend europäischen Eindruck. Kein Wunder, wenn man weiß, dass schon 1843 das chinesische Kaiserreich infolge des Opiumkrieges von Großbritannien gezwungen worden war, den damals nur unbedeutenden, im Tiefschlaf liegenden Hafen Schanghai für die internationale Schifffahrt zu öffnen. Der besaß nämlich, was die scharfen Augen britischer Seefahrer längst bemerkt hatten, eine gegen alle Seiten hin sturmgeschützte Bucht. Es erfolgte eine fabelhafte Entwicklung von Jahr zu Jahr immer rascher und hektischer – in der Hauptsache das Werk von Ausländern.

Zu den Briten gesellten sich die Amerikaner, die Franzosen, die Deutschen, auch Russen und Skandinavier, danach auch die Japaner. Deshalb die westlich wirkende Häuserfront am sogenannten „Bund", der breiten, von Menschen und Fahrzeugen wimmelnden Uferstraße. Es war eine hoch aufragende Front solide gebauter Banken, Börsen und sonstiger Burgen weltweiten Handels, erfüllt von pulsierendem Leben. Wer heute nach Schanghai kommt, sieht trotz des Wandels im Weltgeschehen das ungefähr gleiche Bild. Nur wird die nun dreifach so volkreiche Stadt längst nicht mehr von Ausländern und ausländischen Interessen beherrscht.

Seinerzeit, als ich zum ersten Mal meinen Fuß auf chinesischen Boden setzte, zeigte sich Schanghai als Unikum ohne Beispiel in der Welt. Schanghai war in vier verschiedene Verwaltungsgebiete aufgeteilt. Jeder Teil besaß eigene Gerichtsbarkeit und eigene Steuergesetze, außerdem noch eine Fülle anderer heute kaum noch vorstellbarer Eigenheiten.

Da gab es vor allem das „International Settlement", den größten Teil des Geschäftsviertels umfassend. „Regiert" wurde es von den konsularischen Vertretungen all jener fremden Mächte, die sich einer bestimmten Konvention zur Verwaltung wie Erhaltung der öffentlichen Ordnung angeschlossen hatten. Bis zum Ersten Weltkrieg gehörten auch das deutsche Kaiserreich und das Zarenreich dazu. Weil sich aber die Franzosen geweigert hatten, die Schanghai-Konvention zu unterzeichnen, besaßen sie ihre „Region Francaise". Sie war begreiflicherweise um vieles kleiner als das „International Settlement". Die Stadtviertel ringsherum oder dazwischen gehörten zur Chinesischen Republik, dementsprechend war auch ihre Administration geregelt.

Ähnlich wie im Berlin vor der Vereinigung passierte man Kontrollen an den Übergängen der geteilten Stadt, also drei verschiedene Kontrollen und noch eine vierte, falls man über das Stadtgebiet hinaus in die anschließende Provinz reiste. Die fremden Beamten an den Kontrollpunkten waren ebenso uniformiert wie ihre Kollegen daheim, dementsprechend auch die Chinesen im Dienst der Ausländer. Außerdem unterhielten die fremden Mächte eigene Truppenkontingente. Wenn diese auch nur klein waren, hatten sie zumindest symbolischen Wert. Außerdem lagen noch Kriegsschiffe unter den verschiedensten Flaggen im Hafen. Alles in allem bot Schanghai ein Bild so kurios und anachronistisch, wie man sich das heute nicht mehr vorstellen kann.

Weil der Schanghai-Express, jedenfalls dessen Schlafwagen Erster Klasse, wochenlang im Vorhinein ausgebucht war, bedurfte ich entsprechender Protektion. Diese bot mein Berliner Freund Rolf Beetz an, der ein Jahr vor mir den Schritt ins Auswärtige Amt geschafft hatte und zur Zeit als Attaché des Deutschen Generalkonsulats in Schanghai beschäftigt war. Rolf war so freundlich, mir für eine knappe

Stunde seinen chinesischen Boy, einen schon älteren Mann aus dem ehemals deutschen Pachtgebiet Tsingtau, zu leihen. Als der ebenso brave wie tüchtige „Otto“ wiederkam, hatte ich ein Coupe für mich allein sowie einen festen Platz im Speisewagen, ebenso auch die Fahrkarte nach Peking.

Was ich dem erfolgreichen Sendboten geben solle, war meine Frage an den Freund. Er war als Sohn eines deutschen Kaufmanns in China geboren, beherrschte die Sprache und natürlich auch alle landesüblichen Gepflogenheiten. „Nicht mehr“, wunderte sich Rolf über meine Unwissenheit, „er hat ja schon seinen,Squeeze' draufgeschlagen.“

Squeeze ist nicht gleich Trinkgeld, eher könnte man es „Aufgeld“ nennen. Alle Hausangestellten, alle Gärtner, Fahrer, Einkäufer, Handwerker, überhaupt alle Leute, die etwas für den Chef, für die Hausfrau oder ein anderes Mitglied der Familie besorgen, schlagen ein paar Prozent drauf. Das weiß man und zahlt ohne Kommentar. Ist es doch eine altgewohnte, altbekannte, ganz selbstverständliche Sitte des Landes. Wonach sich die Höhe des Aufgeldes richtet, blieb auch mir trotz dreijährigem Aufenthalt im Fernen Osten ein unauflösbares Geheimnis. Jedenfalls achten die „Squeezer“ darauf, keine Kuh zu schlachten, die man noch möglichst lange melken will. Irgendwo und irgendwie gibt es da einen Ehrenkodex, nach dem sich alle Beteiligten, auch die Mittelsmänner im Hintergrund, richten. Wer ein Zuviel des Squeeze versucht, verliert sein „Gesicht“, ebenso wie jene Herrschaften, die versuchen, den Squeeze zu drücken. Am besten und feinsten ist es, so zu tun, als habe man von dem Squeeze keine, auch nicht die geringste Kenntnis. Dann funktioniert alles wie geschmiert.[2]

---

2 Der Lesetest ist ein Ausschnitt aus dem Buch: „EisenbahnSafari. Auf Schienen durch fünf Kontinente.“ Hans-Otto Meissner Copyright C. Bertelsmann Verlag GmbH, München. Die Benutzung der Texte erfolgt mit freundlicher Genehmigung des Verlages.

Bitte schauen Sie wieder auf Ihre Uhr, und notieren Sie hier die benötigte Zeit:

Gemessene Zeit: .... Minuten, ... Sek.

Schauen Sie jetzt bitte den soeben gelesenen Text **nicht** mehr an! Nun kommen Fragen zum Textinhalt. Bitte beantworten Sie diese jetzt spontan.

Bei den Alternativfragen wählen Sie bitte die richtige Antwort aus. Bei den offenen Fragen können auch sinnverwandte Begriffe richtig sein.

Frage 1:
Von wem wurde das chinesische Kaiserreich infolge des Opiumkrieges 1843 gezwungen, den Hafen Schanghai für die internationale Schifffahrt zu öffnen?

....

Frage 2:
Die Häuserfront am sogenannten „Bund“, der breiten, von Menschen und Fahrzeugen wimmelnden Uferstraße wirkt heute

1) völlig zerfallen
2) noch weitgehend östlich
3) noch weitgehend westlich
4) sehr unfreundlich

Frage 3:
In wie viele Verwaltungsbezirke war Schanghai aufgeteilt?

....

Frage 4:
Wie hieß der größte Teil des Geschäftsviertels, welcher von den konsularischen Vertretungen fremder Mächte „regiert“ wurde?

....

Frage 5:
Welcher fremde Staat hatte sich geweigert, die Schanghai-Konvention zu unterzeichnen und besaß deshalb eine eigene Region?

....

Frage 6:
Die fremden Mächte in Schanghai unterhielten

1) chinesische Söldner
2) eine gemischte Einheitstruppe
3) eigene Truppenkontingente
4) überhaupt keine Truppen

Frage 7:
Wie hieß das Trinkgeld, das eher eine Art Aufgeld war?

....

Vielen Dank! Nun folgt die Kontrolle. Die richtigen Antworten finden Sie im Text.

Bitte notieren Sie hier die von Ihnen gemessene Lesezeit:

Lesezeit: .... Minuten, ... Sek.

Rechnen Sie diese Zeit nun bitte in Sekunden um. (Beispiel: 1 Minute und 34 Sekunden sind insgesamt 94 Sekunden.)

Ihre Zeit in Sekunden: .... Sekunden

Dieser Text hat 751 Wörter. Bitte rechnen Sie jetzt Ihre durchschnittliche Lesegeschwindigkeit aus. Dazu diese Formel als Hilfe:

$$Lesegeschwindigkeit = \frac{751\,Wörter\ x\ 60}{Ihre\ Lesezeit\ in\ Sek.} = \ldots\ldots\ldots\ldots\ldots\ldots\ Wörter\ pro\ Min.$$

Oder, vereinfacht:

$$45\,060 \div Ihre\ Lesezeit\ in\ Sekunden\ = \ldots\ldots\ldots\ldots\ldots\ldots\ Wörter\ pro\ \ Minute$$

Wenn Sie sich selbst bewerten wollen und wissen möchten, wie Sie mit Ihrer Lesegeschwindigkeit im Vergleich zu anderen Personen einzuschätzen sind, so finden Sie hierzu eine Tabelle im Kapitel „Bewertung der Lesegeschwindigkeit“.

Schnell lesen, ohne Wichtiges zu überlesen

Aus der täglichen Informationsflut scheint es kaum einen Ausweg zu geben. Immer mehr Zeit muss für das Lesen aufgewendet werden. Wer kennt es nicht, das überfliegende Lesen oder Querlesen? Ohne diese Lesetechnik ist kaum auszukommen. Dennoch darf wichtige Lektüre nicht einfach herkömmlich „überflogen" werden. Bestimmte wichtige Inhalte müssen später sehr genau erinnert werden.

Bei manchen Inhalten stellt sich auch erst später heraus, dass sie doch wichtig waren. Vielleicht sogar wichtiger, als zuerst vermutet. Das führt zu der Überlegung:

**Wie kann ich das,
was für mich wichtig ist oder wichtig sein könnte,
vom Unwichtigen unterscheiden?**

Der Leseballast

Die meisten Informationen in Zeitungen und Fachzeitschriften enthalten einen hohen Anteil an Ballast. Ballast, der uns beim Lesen zunächst gar nicht auffällt. Er kann vom ungeübten Leser vom wichtigen Text nicht abgegrenzt werden. Der Ballast ist sowohl in aktuellen Tagesberichten wie auch in Fachinformationen enthalten – und zwar

zu circa 50 bis 75 %!

Ist es sinnvoll, sich zuerst auf diesen Ballast zu stürzen? Sicher nicht. Warum sollten wir unser geistiges Potenzial mit Ballast beschweren und dadurch **träge** machen? Außerdem **ermüden** wir beim Lesen von Unwichtigem schneller. **Unser Gehirn** denkt während wir lesen und **erkennt die Nichtrelevanz.** Die Gefahr ist dann sehr groß, dass wir **gedanklich abschweifen** und nach dem Lesen nicht mehr wissen, was wir soeben gelesen haben. **Damit geht der Nutzen des Lesens verloren.**

Übung zum Erkennen des Leseballasts

Ziel: Das Ausmaß des Leseballasts in einem Artikel erkennen und sich gleichzeitig bewusst machen, welche Teile für Sie persönlich Ballast sind.

Vorgehen: Bitte lesen Sie in dem folgenden Artikel zuerst nur die Bereiche, die nicht durchgestrichen sind.

Text: **Ausdrückliches Bekenntnis zur externen Kontrolle**

~~„Nach einem Zeitverlauf von über zwei Jahren in verschiedenen Testmärkten, wurde im März in rund 175 Geschäften der Vertriebsschiene Edeka Aktiv und in 70 Märkten der Vertriebsschiene Neukauf/ Topkauf unser Qualitätsmarkenfleisch unter dem Namen ‚Gutfleisch' eingeführt.~~

~~Während in früheren Jahren insgesamt ein leichter Rückgang im Pro-Kopf-Verbrauch bei Fleisch festzustellen war, konnte die Bauerngut Fleisch- und Wurstwaren GmbH – auf der Basis von 200 vergleichbaren Objekten der Vertriebsschienen Neukauf~~

~~/Topkauf und Edeka Aktiv – den Umsatz mit Qualitätsfleisch wertmäßig auf 7,8 Prozent und mengenmäßig auf 8,3 Prozent steigern. Eine Tatsache, die zeigt, dass sich Qualität und Leistung auszahlen und vom Verbraucher auch honoriert werden.~~

Mit der Einführung des CMA-Prüfsiegels ‚Deutsches Qualitätsfleisch aus kontrollierter Aufzucht' wird nun erstmalig der Versuch unternommen, in einem integrierten System von der Erzeugung über die Schlachtung bis in die Einzelhandelsstufen ein System zu entwickeln, das dem Endverbraucher bestmögliche Sicherheit bei der Fleischqualität bietet.

~~Wir begrüßen diese Initiative nicht nur, weil wir durch unsere Vorleistung im Markenfleischprogramm die Voraussetzung für das Prüfsiegel erarbeitet haben, sondern wir bekennen uns ausdrücklich zu der in den CMA-Richtlinien festgelegten externen Kontrolle, um dem Verbraucher letztendlich mehr Sicherheit im Fleischeinkauf zu geben.“~~[3]

Pflicht und Kür dieser Übung

Wenn Sie bei dieser Übung nur den nicht durchgestrichenen Teil gelesen haben, wissen Sie das Wichtige. Das ist vergleichbar mit der ***Pflicht***.

Wenn Sie nun die durchgestrichenen Teile auch noch lesen, ist der Zuwachs an weiterer Information, die Sie als normaler Verbraucher benötigen, verhältnismäßig gering. Das könnte man als ***Kür*** bezeichnen.

Das **Verhältnis zwischen Pflicht und Kür** ist hier ungefähr **⅓ zu ⅔**. In der Praxis ist die Kür der Bereich, der nicht unbedingt gelesen werden muss, in der Regel Ballast. Bei gegebenem Zeitdruck die Kür zu lesen, ist nicht weise. Für jeden Leser gilt etwas anderes als Ballast. Wer sich auch für den Hintergrund eines Textes interessiert, wird andere Teile dieses Artikels als Ballast empfinden. Das Verhältnis von Pflicht und Kür wird meistens ähnlich sein.

---

3 Centrale Marketinggesellschaft der deutschen Agrarwirtschaft mbH (Hrsg.): CMA Absatzberater. Mit freundlicher Genehmigung der CMA, Bonn.

Wenn Sie als Fachmann/Fachfrau Fachartikel lesen, wird davon ausgegangen, dass Ihnen das meiste schon bekannt ist. Vielleicht in anderer Form – aber dennoch bekannt. **Nur wenige Fachartikel sind vom ersten bis zum letzten Wort gleich interessant und wirklich neu.**

In jeder Lektüre befindet sich Ballast. Leider können wir nicht grundsätzlich sagen, wo sich der Ballast im Text befindet. Manchmal steht er zu Beginn, manchmal auch mittendrin oder am Ende des Artikels. Zwar ist in nahezu jeder Fachzeitschrift der Ballast nach einem bestimmten System verteilt. Diese Proportionen werden leider nicht kommuniziert. Jedoch können Sie diese selbst herausfinden.

Anhand dieses Beispiels können Sie erkennen, dass Sie Zeit Sie sparen könnten, wenn Sie das Lesen des Ballasts bewusst vermeiden. Wie? Das kommt jetzt:

Den Leseballast vermeiden

Effizientes und sinnvolles Lesen heißt auch, den Leseballast von vornherein zu vermeiden. Wäre jeder Artikel gleich aufgebaut, wäre das recht einfach. Nun gibt es zwar Regeln, wie Berichte in Zeitungen und Fachpublikationen aufgebaut sein sollten. Dennoch ist das Wichtige in jedem Artikel an anderer Stelle „versteckt". Bis die interessanten Textstellen gefunden sind, ist oft viel Zeit vergangen. Das muss nicht sein!

Jeder Mensch kann mit einem bestimmten System das Wichtige und Interessante schnell erkennen.

Gleich das Wichtige erkennen

Wenn wir uns beim Lesen von der Literatur berauschen lassen und wenig ganz bewusst mitdenken, lesen und genießen wir den Text. Bei Informationstexten ist es dagegen sinnvoller, wenn wir uns sofort und gezielt **das** für uns **in der momentanen Situation Wichtige** aus dem Text **herauspicken**. In dieser Situation auch den Ballast zu lesen, ist nicht empfehlenswert.

„Das mache ich doch schon …", werden Sie sagen. Ja, die meisten Menschen machen das tatsächlich schon, ein bisschen, nur eben nicht **konsequent** genug. Hier lässt sich noch viel **verbessern**, zumal das Verteilsystem des Wichtigen nicht überall gleich ist. **Es reicht eben nicht**, die ersten Zeilen eines Textes zu lesen. Manchmal steht gerade dort das Wichtige, manchmal jedoch ist es lediglich eine langatmige Einleitung, und es dauert noch einige Zeit, bis das wirklich Wichtige kommt.

Bei mancher Lektüre ist es eine Hilfe und reicht völlig aus, den letzten Absatz zu lesen. Dort stehen häufig die Zusammenfassung und das Wichtige. Bei manchen Zeitungen ist dort jedoch nur ein ziemlich uninteressanter Schlusssatz zu finden.

Das führt dazu, dass sich jeder Leser selbst ein System erarbeiten muss, wie er schnell und mit ziemlicher Sicherheit das Wichtige in der Lektüre findet. Deshalb hier eine Übung zum Reduzieren des Textes auf das Wichtige.

Reduktionsübung 1

Ziel: Das Ziel der Übung ist die Reduktion auf den Kern, auf das absolut Wichtige.

Vorgehen: Bitte lesen Sie den folgenden Text als Beispiel dafür, wie Textinhalte auf das Wesentliche reduziert werden können.

Text:

Polens Wirtschaft steckt noch immer in einer tiefen Krise. Die Wirtschaftsleistung unseres östlichen Nachbarn ging im vergangenen Jahr um 22 Prozent zurück. Dabei wären die Einbußen noch größer gewesen, hätten nicht die privaten Unternehmen ihre Produktion steigern können. Ende 2000 erbrachte die Privatwirtschaft etwa ein Zehntel der Industrieproduktion – zwei Prozent mehr als im Vorjahr. Polen hat z. Zt. über 38 Millionen Einwohner und erwirtschaftete 2000 ein Bruttosozialprodukt von gut 175 Milliarden US-Dollar. Das Land wandelte sich nach dem Krieg von einer Agrar- in eine Industrienation. Die Wirtschaft ist seither geprägt von Kohlebergbau, Textilindustrie, Maschinen-, Schiffs- und Kraftfahrzeugbau. Bis 1988 war Polens Wirtschaft zum Großteil in staatlichem Besitz und einem zentralen Plan unterworfen. Ein freier Markt bestand nur in Nischenbereichen. Heute leidet die Wirtschaft an der einseitigen Förderung der Schwerindustrie durch die Fünfjahrespläne. Auch die enorme Umweltverschmutzung, die bewusst oder aus Arglosigkeit und Unkenntnis in Kauf genommen wurde, trägt zur Misere unseres östlichen Nachbarn bei.[4]

In diesem Artikel sind Hauptgedanken und Aussagekern:

Hauptgedanken: Krise der Wirtschaft Polens zur Jahrtausendwende, Wandel der Wirtschaft Polens.

Kern:	Krise	-	Wirtschaft Polen	Jahr 2000
	(was?)		(wo?)	(wann?)

Zugegeben, der Kern ist das absolute Minimum. Sicher würden Sie gern mehr aus diesem Artikel herausnehmen. Allerdings wäre das dann nicht mehr der reine Kern, sondern die Informationen, die jeder individuell und unterschiedlich als wichtig interpretieren wird. Das soll jedoch hier noch nicht das Ziel dieser Übungen sein.

---

4 ISW Informationsdienst Soziale Marktwirtschaft „Der Überblick“. Abdruck mit freundlicher Genehmigung des ISW, Heidehofstr. 9, 70184 Stuttgart.

Die Reduktion einer Nachricht auf das Wesentliche können Sie mit dem Telegrammstil vergleichen. Schlagen Sie zwei Fliegen mit einer Klappe, indem Sie diese Technik bei Ihrer nächsten Zeitungslektüre anwenden:

1. Lesen Sie bewusst und reduzieren den Text auf das absolute Minimum. Dadurch vermeiden Sie den Ballast.

2. Formulieren Sie die gelesenen Fakten für sich selbst erneut und stichwortartig so, dass sie leichter in Ihrem Gedächtnis haften bleiben.

Damit nutzen Sie Ihre Denkkapazität noch besser aus und behalten die Fakten leichter.

Reduktionsübung 2

Ziel: Das Ziel der Übung ist die Reduktion auf den Kern, auf das absolut Wichtige.

Vorgehen: Bitte lesen Sie diesen Text. Dann reduzieren Sie zuerst die Textinhalte gedanklich auf die Hauptgedanken und notieren diese. Anschließend reduzieren Sie die Hauptgedanken weiter auf den Kern und notieren diesen ebenfalls.

Zeitungsnachricht aus der Stuttgarter Zeitung:

Vor dem Hintergrund der verheerenden Algenblüte in der Nord- und Ostsee im vergangenen Sommer gewinnt die Reduzierung des Phosphat- und Stickstoffeintrags aus kommunalen Kläranlagen erneut Aktualität. Mit der novellierten Abwasser-Verwaltungsvorschrift soll jetzt das Leistungsniveau kommunaler Abwasserbehandlungsanlagen im Hinblick auf eine Verringerung der Nährstoffbelastung deutlich angehoben werden. Die Gesetzesnovelle schreibt eine Begrenzung des Ammoniumstickstoffs ab einer Ausbaugröße von 5000 Einwohnergleichwerten auf 10 mg/öl NH4-N und eine Begrenzung des Phosphatgehaltes ab einer Ausbaugröße von 50.000 Einwohnergleichwerten auf 2 mg/l P vor. Ein weiterer Entwurf hat eine Verschärfung der Phosphorüberwachungswerte zum Ziel und enthält unter anderem …

Hauptgedanke:

....

....

Kern:

....

(was?) (wo?) (wann?)

Vorinformationen zum Text

Bei **Grafiken** reicht oft ein kurzer Blick auf die Darstellung und auf die **Unterschrift** unter der Grafik. Wer die Grafik gleich versteht, muss den dazugehörigen Fließtext nicht mehr lesen.

In jeder Publikation werden die wichtigen Aussagen herausgehoben. Das geschieht zum einen schon im Titel, aber auch bei den weiteren **Hervorhebungen**. Wer hindert Sie, bestimmte weniger interessante Untertitel zu überspringen? Zusätzlich gibt es **Zusammenfassungen** und **Fettgedrucktes**.

Auch in Kapiteln von Büchern wird mit dem **Inhaltsverzeichnis**, mit **Leitsätzen**, **Hervorhebungen**, **kursiv** gedrucktem und mit **Schlusszusammenfassungen** (nach jedem Kapitel und am Ende des Buches) gearbeitet. So kann das Wichtige schnell gefunden werden, ohne alles Zusätzliche und auch den Ballast mitzulesen.

In Briefen genügt oft ein Blick auf die **Betreffzeile** oder die **Unterschrift**, ob er wichtig ist oder vernachlässigt werden kann. Wer in diesem System bleibt, wird sehr viel Zeit sparen und den wird das Lesen weniger ermüden.

In der Regel verwenden wir dieses System nicht konsequent, weil wir uns aus Gewohnheit **vor** dem Lesen keine Gedanken mehr machen, einfach loslesen und mit den Augen einfach spazieren gehen. Wir lassen uns manchmal sogar regelrecht einlullen, statt **gezielt auf das Wichtige zuzugehen**.

Unnötige Störungen erkennen

Eine der markantesten Probleme beim rationellen Lesen sind die **Störungen**. Sie **halten uns** davon **ab**, das Gelesene **richtig zu verarbeiten**, weil unsere Gedanken abgelenkt werden. Lärm kann ein großer Stressfaktor sein. Manche Personen lassen sich durch die geringsten Geräusche ablenken, während sich andere Personen trotz Lärm gut konzentrieren können. Lärm muss also nicht per se ablenken oder stressen, sondern es besteht eine gewisse Sensibilität bei uns Menschen für Geräusche.

Andererseits besteht bei bestimmten Geräuschen auch eine Desensibilität, sodass diese gefiltert und gar nicht mehr wahrgenommen werden. Die besten Beispiele hierfür sind Menschen, die an einer belebten Straße oder nahe einer Eisenbahnlinie wohnen. Auch Personen in Großraumbüros gewöhnen sich meist nach einiger Zeit an den höheren Lärmpegel.

Ein ruhiger Raum ist keine Garantie für Konzentration. Diese Erkenntnis führt zu folgendem Vorgehen für den Fall, dass Sie sich leicht und vielleicht sogar gerne ablenken lassen:

1. **Überprüfen Sie sich selbst;** lassen Sie sich gerne stören und ist Ihnen eine Ablenkung von Ihrer jetzigen Tätigkeit womöglich sogar willkommen? Ablenkungen sind nicht zwangsläufig negativ. Wenn die Störungen Sie jedoch nerven und vom Inhalt des zu lesenden Textes ablenken, folgen Sie einfach den nachstehenden Gedanken.

2. **Stellen Sie fest, was Sie ablenkt.** Viele von uns wurden dazu erzogen, Ablenkungen aktiv auszublenden. (Kennen Sie Aussagen wie: „Da brauchst du gar nicht hinsehen. Das ist nicht interessant. Hier spielt die Musik!"?) Vom Ausblenden rate ich ab. Das kostet unnötig Kraft. **Schauen Sie kurz, jedoch aktiv hin.** Was genau lenkt Sie ab?

3. **Treffen Sie dann eine bewusste Entscheidung** für oder gegen die Ablenkung. Empfinden Sie die Störungen womöglich interessanter als den zu lesenden Text?

4. Entscheiden Sie sich gerade **gegen die Ablenkung**, so können Sie sich allein dadurch aktiv selbst so beeinflussen, dass Sie bestimmte Störungen nicht mehr als so negativ wahrnehmen. Sie arbeiten automatisch fokussierter.

   Haben Sie sich **für die Ablenkung** entschieden, dann ist sie offensichtlich momentan nutzbringender.

   Priorisieren Sie und sorgen Sie dafür, dass die niedriger priorisierte Tätigkeit trotzdem stattfindet. Ihr Gehirn lernt so, dass Sie beides erhalten und auf nichts verzichtet werden muss.

Ich möchte nicht den Eindruck erwecken, als ob sich jede Störung auf diese Weise minimieren ließe. Dennoch bleibt festzustellen, dass sich jeder von uns in einem gewissen Maße selbst beeinflussen kann und gewisse Störungen nicht mehr als negativ betrachtet. Voraussetzung ist, dass er es wirklich möchte.

Übung gegen ablenkende Geräusche

Unsere Seminare finden manchmal an Orten statt, deren Umgebung weder der Kunde noch wir beeinflussen können. Baustellen sind einfach manchmal da. Dies kann bei umfangreichen Um- oder Neubauten zur Dauerstörung oder gar zur Belastung werden.

In so einem Falle wende ich sehr erfolgreich einen „Kniff" aus der Hypnotherapie an, den ich Ihnen nicht vorenthalten möchte. Nutzen Sie die Geräusche als Entspannungsverstärker. Lassen Sie sich ruhig ein paar Minuten Zeit für diese Technik.

1. Lehnen Sie sich bequem in Ihrem Stuhl zurück.

2. Die Füße stehen mit den Fußsohlen fest auf dem Boden.

3. Schließen Sie die Augen und entspannen Sie sich.

4. Fokussieren Sie auf den Teil Ihres Körpers, in dem Sie Entspannung am stärksten wahrnehmen. In der Regel wird das der Brust- oder Bauchbereich sein.

5. Stellen Sie sich nun aktiv vor: Je länger dieses Geräusch dauert, umso entspannter sind Sie. Es hilft, dies aktiv und konkret mit der gleichzeitigen Vorstellung immer wieder laut auszusprechen. „**Je länger** das Bohren dauert, **umso** tiefer entspanne ich, **desto** besser geht es mir, **desto** besser kann ich mich konzentrieren."

Nehmen Sie sich hierfür ein paar Minuten Zeit und intensivieren Sie gegebenenfalls den letzten Schritt dieser Übung.

Tipp 1:
Machen Sie bei sehr wichtiger Lektüre nach jedem wichtigen Absatz eine **kurze Lesepause und rekapitulieren** Sie dann das Gelesene nach Hauptgedanken und Kern. Dann behalten Sie wichtige Lektüre viel besser im Gedächtnis.

Tipp 2:
Schalten Sie bewusst unnötige **Störungen aus**; schließen Sie Tür und Fenster. Ohne Ablenkungen werden Sie sich länger und besser konzentrieren können.

Tipp 3:
Schalten Sie Ihre **mobilen Geräte auf lautlos** oder ganz aus. **Gönnen Sie sich** beim Lesen **eine störungsfreie Zeit**.

Die Augenmuskeln trainieren

Die Augen haben die meiste Arbeit zu leisten. Sie sind beim Lesen ununterbrochen aktiv. Das Bewegen der Pupille von einem Fixierungspunkt zum nächsten wird durch gute Augenmuskeln erleichtert. Wem nach langem oder vielem Lesen die Augen wehtun, der kann mit Augenübungen gezielt seine Augenmuskeln trainieren.

Weil Augenschmerzen auch aufgrund von nachlassender Muskelkraft der Augen auftreten können, ist es sinnvoll, die Augenmuskeln bewusst zu trainieren und zu entspannen. Das lässt sich mit bestimmten Übungen auch leicht erreichen. **Bitte üben Sie aber nicht zu lange.** Mit Überanstrengung und Gewalt kann hier nichts erreicht werden.

Augen entspannen durch Palmieren *nach Dr. Bates*

Ziel: Die Beruhigung der Augen durch das bewusste Abschirmen. Die Augen soll bei geschlossenen Lidern kein Lichtstrahl treffen. Die Wärme der Handflächen bringt zusätzliche Entspannung.

Vorgehen: Reiben Sie Ihre Handflächen kräftig aneinander, bis sie angenehm warm sind. Bedecken Sie nun Ihre geschlossenen Augen leicht mit Ihren Händen, ohne Ihre Augen zu berühren. Die Finger überkreuzen sich dabei bequemerweise auf Ihrer Stirn.[5] Lassen Sie Ihre Hände nun auf Ihren Augen liegen, solange dies angenehm für Sie ist (circa 10 lange Atemzüge). Wiederholen Sie diese Augenentspannung während des Tages so oft Sie möchten.

Es gibt auch viele sinnvolle Übungen, um die Augenmuskulatur bewusst zu stärken. Eine dieser sinnvollen Übungen ist die Nah-Fern-Übung.

---

5 vgl. Angart, Leo (2015): S. 109, 205, Vergiss deine Brille, 15. Auflage, München: nymphenburger in der F.A. Herbig Verlagsbuchhandlung GmbH und vgl. Scholl, Lisette (1988): S. 143, Das Augenübungsbuch, Reinbek: Rowohlt Taschenbuch-Verlag.

Augen entspannen durch Akupressur[6]

Ziel: Die Augen entspannen und den Energiefluss in den Augen und im Kopf anregen, vor allem, wenn Sie viel und lange lesen müssen.

Vorgehen: Massieren Sie die nachfolgenden 10 Punkte nacheinander. Alle Punkte werden immer gleichzeitig auf beiden Gesichts- bzw. Kopfhälften bearbeitet.
Entweder wird **gegen und** danach **im Uhrzeigersinn** mit kreisförmigen Bewegungen **massiert** oder **rhythmisch gedrückt** (beidseitig mehrmals den jeweiligen Punkt pressen und wieder loslassen).

Punkt 1: Daumenkuppen so nah wie möglich an die inneren Augenwinkel anlegen und nach oben drücken. Je 3 x kreisförmig gegen und im Uhrzeigersinn massieren oder rhythmisch drücken.

Punkt 2: Daumen und Zeigefinger zu beiden Seiten der Nasenwurzel anlegen. Je 3 x kreisförmig gegen und im Uhrzeigersinn massieren oder rhythmisch drücken.

Punkt 3: In Höhe der Nasenlöcher, etwa eineinhalb Finger breit von diesen entfernt, drei Fingerkuppen in Höhe der Nasenflügel anlegen. Je 3 x kreisförmig gegen und im Uhrzeigersinn massieren oder rhythmisch drücken.

Punkt 4: Mit dem Daumen entlang des Knochenrandes über den Augen rhythmisch drücken. Beginnen Sie so nah wie möglich an den inneren Augenwinkeln und arbeiten Sie sich in kleinen Abständen am Knochen entlang bis zum äußeren Augenwinkel vor.

Punkt 5: Mit vier Fingern mittig an den Knochenrand unterhalb des Auges 3 x rhythmisch drücken.

---

6 vgl. Angart, Leo (2004, 15. Auflage 2015): S. 77ff., Vergiss deine Brille, nymphenburger, München.

Punkt 6: Zwei Finger an den äußeren Augenwinkeln anlegen. Je 3 x kreisförmig gegen und im Uhrzeigersinn massieren.

Punkt 7: Drei Finger am Haaransatz in Augenhöhe anlegen. Je 3 x kreisförmig gegen und im Uhrzeigersinn massieren.

Punkt 8: Von der Position aus Punkt 7 beginnend weiter zurück in Richtung Ohren gleiten und dabei vier Punkte bearbeiten. Je 3 x kreisförmig gegen und im Uhrzeigersinn massieren.

Punkt 9: Finger wie beim Haarewaschen öffnen und vorne am Haaransatz ansetzen. Nun in einer langen sanften Bewegung über die Kopfhaut bis zur Kopfmitte nach hinten ziehen. Dabei etwas Druck ausüben.

Punkt 10: Legen Sie je einen Finger in die kleine Einbuchtung am Hinterkopf auf die Stelle, an der die Nackenmuskeln am Schädel aufliegen. Je 3 x kreisförmig gegen und im Uhrzeigersinn massieren.

Augenübung: Nah-Fern.

Ziel: Die Stärkung der Augenmuskulatur durch das bewusste und schnelle Verstellen des Brennpunktes (der Punkt, bei dem Sie scharf sehen).

Vorgehen: Bitte lehnen Sie sich zurück und halten Sie dieses Buch in Augenhöhe. Schauen Sie zuerst auf den Text und dann auf einen weit entfernten Gegenstand. Dieser Gegenstand kann an der gegenüberliegenden Wand sein (beispielsweise ein Bild). Noch besser ist ein Blick aus dem Fenster. Wechseln Sie nun zügig Ihren Blick vom weit entfernten Gegenstand auf diesen Text und Lesen drei Wörter. Danach stellen Sie Ihre Augen wieder auf den weit entfernten Gegenstand scharf. Diesen Wechsel wiederholen Sie mehrmals. Sie können mehrere Minuten lang üben.

Achtung: Achten Sie bitte darauf, dass Sie Ihre Augenmuskeln nicht überstrapazieren. Wenn die Augenmuskeln beginnen, sich bemerkbar zu machen, hören Sie bitte auf.[7]

Neben der Nah-Fern-Übung gibt es weitere Methoden zur Kräftigung Ihrer Augenmuskeln. Eine davon ist die Umrandungsübung.

Umrandungsübung

Ziel: Die Kräftigung Ihrer Augenmuskulatur.

Vorgehen: Bitte schauen Sie bei normalem Leseabstand von 30–40 cm zuerst auf die Heftung in der Mitte dieses Buches. Bewegen Sie Ihren Kopf bei der Übung nicht. Fahren Sie nun mit Ihren Augen langsam entlang des Buchrandes, bis Sie das Buch umrundet haben. Wiederholen Sie diese Übung bitte fünf Mal.

Vielleicht haben Sie bei dieser Übung selbst gemerkt, dass Ihre Augen nicht kontinuierlich das Buch umrunden, sondern das in kleinen Sprüngen tun. Die Drehgeschwindigkeit Ihrer Augen ist also nicht gleichmäßig. Bitte probieren Sie erneut, diese kurzen Stopps der Augen an sich selbst zu erkennen.

Variation: Wiederholen Sie diese Übung mit unterschiedlichen Blattformaten.

Variation: Suchen Sie sich ein Fenster in Ihrer Wohnung, stellen Sie sich im Abstand von circa 2 Metern davor, und lassen Ihre Augen entlang des Fensterrahmens wandern. Unterstützen Sie die Muskeln wieder dadurch, dass Sie die Augenbewegung mit der Hand führen. Zusätzlich erleichtern Sie dadurch das kontinuierliche Bewegen der Augen. Dasselbe können Sie natürlich auch mit Türen, Schränken und anderen Gegenständen tun. Sie trainieren damit nicht nur Ihre Augenbewegungen, sondern auch gleich noch Ihre Aufmerksamkeitsspanne.

---

7 vgl. Scholl, Lisette (1988): S. 99, Das Augenübungsbuch, Rowohlt Taschenbuch-Verlag, Reinbek.

Augenbeobachtungsübung 1 (mit Partner)

Ziel: Das Erkennen von Fixierungsbewegungen der Augen beim Umranden des Buches.

Vorgehen: Bitte gehen Sie wie bei der vorigen Übung vor. Bewegen Sie Ihren Kopf auch diesmal nicht. Suchen Sie sich einen Partner und bitten Sie Ihn, genau zu beobachten, was Ihre Augen (die Pupillen) tun, während Sie nun mit Ihren Augen langsam entlang des Buchrandes fahren, bis Sie das Buch umrundet haben. Informieren Sie Ihren Partner bitte, dass er sehr genau hinschauen möge. Anschließend beobachten Sie *seine* Augen, während *er* diese Übung macht. Tauschen Sie bitte Ihre Erfahrungen aus

Sie werden vermutlich folgendes feststellen: Ihre Augen springen, statt kontinuierlich fließend entlang der Kante zu wandern. Ähnlich der Augenbewegung beim Lesen suchen die Augen imaginäre Fixierungen.

Bitte unterstützen Sie nun Ihre Augenmuskeln, indem Sie mit dem Finger oder der Hand entlang der Blattkante fahren. Dadurch geben Sie die regelmäßige Augen-Wander-Bewegung vor. Üben Sie bitte mit unterschiedlichen Geschwindigkeiten.

Achtung: Sollte Ihre Augenmuskulatur beginnen, sich bemerkbar zu machen, beenden Sie bitte diese Übung.

Wenn Sie diese Übungen regelmäßig wiederholen, werden Ihre Augen es Ihnen danken!

Die Fixierungen

Bei der Umrandungsübung mit Partner des vorigen Kapitels haben Sie sicher **beobachtet, dass sich** die **Augen** Ihres Partners während der Übung **ganz automatisch ruckweise bewegen**. Beim Lesen ist es ähnlich. Um Ihnen davon einen Eindruck zu vermitteln, folgt hier gleich zu Anfang des Kapitels eine weitere Übung.

Augenbeobachtungsübung 2 (mit Partner)

Ziel: Das Erkennen von Fixierungen während des Lesens.

Vorgehen: Bitte suchen Sie sich wieder einen Partner und bitten Sie ihn, ganz genau zu beobachten, was Ihre Augen (die Pupillen) tun, während Sie den nachfolgenden Text lesen. Informieren Sie Ihren Partner bitte, dass er sehr genau hinschauen möge und Ihnen dabei auch bis auf 30 cm (!) Augenabstand nahekommen soll. Er soll genau beobachten, was Ihre Augen während des Lesens machen. Gehen diese ganz gleichmäßig von links nach rechts – oder geschieht das in kleinen Sprüngen?
Es interessieren nicht die Lidbewegungen, sondern nur die Bewegungen der Pupillen bzw. der Iris, die sich ja im gleichen Rhythmus bewegt. Anschließend beobachten Sie die Pupillen Ihres Partners, während er die gleiche Übung macht. Tauschen Sie bitte Ihre Erfahrungen aus.

Text:

Dem Besucher drängt sich der Eindruck auf, dass ein großer Wandel im französischen Lebensstil eingetreten ist. Dabei wurden die Franzosen gezwungen, auf viele ihrer früheren, lieb gewordenen traditionellen Lebensgewohnheiten zu verzichten:

- Der geheiligte lange Mittagstisch (2–3 Stunden auch für Berufstätige) ist dem Besuch von Snackbars und Fastfood-Restaurants gewichen.
- Der ruhige und beschauliche Arbeitsstil und das ruhige Privatleben sind hektischen amerikanischen Vorbildern zum Opfer gefallen.[8]

---

8 H. Commer: Knigge International, ECON Taschenbuch-Verlag, Düsseldorf, Seite 77. Abdruck mit freundlicher Genehmigung des ECON-Verlag, Düsseldorf.

Sollten Sie bei dieser Übung festgestellt haben, dass die Augen Ihres Partners nicht gleichmäßig von links nach rechts wandern, sondern sich mit kleinen Rucken von links nach rechts und dann ganz schnell wieder zurückbewegen, so entspricht das auch den wissenschaftlichen Erkenntnissen.

Fixierungen wissenschaftlich

Mit Augenkameras können auch die geringsten Augenbewegungen festgestellt werden. Augenkameras werden im medizinischen und wissenschaftlichen Sektor, aber auch bei kommerziell arbeitenden Instituten eingesetzt.

Mit diesen Augenkameras wird unter anderem die genaue Bewegung der Augen beim Lesen aufgenommen. Dabei wird sichtbar, dass sich die **Augen in Schüben von einem Wort zum anderen bewegen**.

Wir lesen also **nicht** kontinuierlich fließend von links nach rechts, wie es folgendes Beispiel darstellt:

Beispiel 1:

Das Lesen ist in unserer Gesellschaft eine ...

Unsere Augen machen eher kleine Sprünge, wie sie Beispiel 2 darstellt.

Beispiel 2:

...Tätigkeit, die meist sehr viel Zeit benötigt.

Die Augen machen kleine schubweise Bewegungen, bei denen kleine Wörter oder Silben mit einem Blick aufgenommen werden, um dann zum nächsten Wort oder Wortteil weiterzugehen, um dort einen kurzen Moment zu verweilen[9].

9 Sinngemäß auch in Andre Wohlgemuth: Effizientes Lesen, Selbstverlag: A. Wohlgemuth, Alte Landstr. 66, CH-8702 Zollikon, Seite 48. Übrigens eine sehr gute Darstellung der Technik.

In der Praxis schaut der Leser ungefähr in die Mitte jedes Ovals:

Beispiel 3:

Mit je einem Blick auf die in dem ovalen Bereich erfassten Informationen erschließen wir uns den Text der Zeile.

Dieser Effekt kann auch in einem Blickbewegungsdiagramm festgehalten werden. Dabei ist der senkrechte Strich der Moment, in dem die Augen die Informationen aufnehmen. Schauen wir uns zunächst das **Blickbewegungsdiagramm eines 8-jährigen Schülers** beim Lesen einer Zeile an, der einen leichten Text liest:

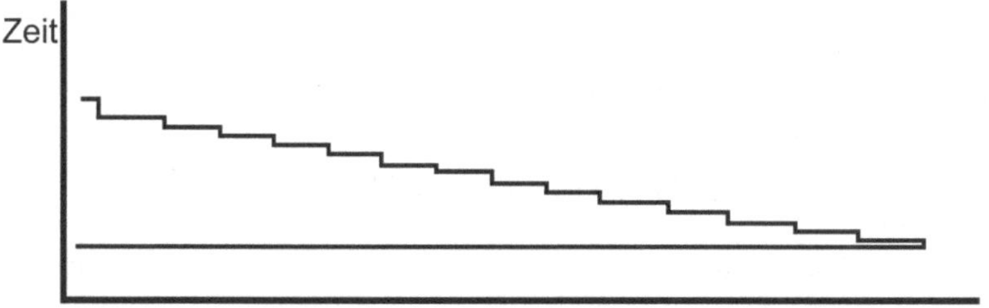

Abb.: Blickbewegungsdiagramm eines Schülers (8 Jahre) beim Lesen einer Zeile eines einfachen Textes. Die gerade Linie am Ende stellt die Rückwärtsbewegung beim Zeilenwechsel dar.

Unterhalb des Diagramms sehen Sie den gelesenen Text und können feststellen, dass jedes Wort mindestens einmal fixiert wird. Die Augen bewegen sich schnell von einer Fixierung zur nächsten. Am Fixierungspunkt bleiben sie einen kurzen Moment stehen und das Gehirn nimmt die Textinformationen auf. Danach springen die Augen zum nächsten Fixierungspunkt. Längere Wörter werden zweimal mit den Augen fixiert. Jede senkrechte Linie in dieser Grafik zeigt ein kurzes Anhalten der Augen an. Während dieses Halts fixieren die Augen das Wort ungefähr in der Mitte einen kurzen Moment lang. Diese **Verharrungszeit** dauert ungefähr 250 Millisekunden.[10]

Die Abstände der einzelnen Fixierungen sind hier noch ziemlich gleichmäßig. Am Ende der Zeile schießen die Augen sofort, ohne zusätzliche Fixierung und ohne Verzögerung, wieder zum Anfang der nächsten Zeile. **Auf diese Weise erschließen sich die meisten Leser einen leichten Text.** In der Regel nimmt ein nicht geschulter Leser zwischen drei und neun Buchstaben mit einer Fixierung wahr.[11]

Der vollständige einfache Text bei diesen Versuchen bestand ausschließlich aus Wörtern mit drei Buchstaben und lautete:

Von elf Uhr bis ein Uhr war ich mit dem Rad auf dem Weg von Ulm zum Hof von Opa und Oma, der bei Bad Ems lag.[12]

In der Regel wird jedes Wort einmal kurz fixiert. Hin und wieder können zwei kurze Wörter eines leichten Textes mit *einer* Fixierung aufgenommen werden. tern mit drei Buchstaben. **Wörter mit mehr Buchstaben** erschließen sich die meisten Personen mit **mehreren Fixierungen**, gegebenenfalls silbenweise.

Hier ein Beispiel für ein **Blickbewegungsdiagramm eines guten Lesers** bei einem mittelschweren Text:

10 Dieter Heller: Eye Movements in Reading, in R. Grow, P. Fraisse (Eds.): Cognition and Eye Movements, Amsterdam 1982, Seite 141. Er fand heraus, dass die Dauer der Fixierungen zwischen 190 und 420 msec. lagen.

11 Der Große Brockhaus spricht von 3 bis 10 Buchstaben pro Fixierung. Vgl. Stichwort „Lesen“ in Brockhaus-Enzyklopädie, Mannheim 1990, Band 13, Seite 304.

12 Dieter Heller: Eye Movements … ebenda: Augenbewegungen bei legasthenischen und normal lesenden Kindern, in Zeitschrift für Psychologie, Band 187, Heft 1 (1979), Seite 109. Nach unserer Erfahrung kommen aber nur geschulte Leser auf bis zu 10 Buchstaben pro Fixierung.

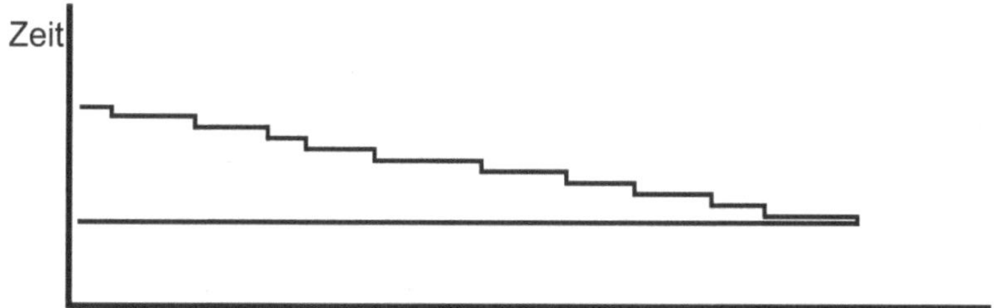

Abb.: Blickbewegungsdiagramm eines guten Lesers beim Lesen einer Zeile eines mittelschweren Textes. Die gerade Linie stellt die Rückwärtsbewegung beim Zeilenwechsel dar.

Diese Grafik zeigt, wie sich der normale gute Leser über insgesamt 11 Fixierungen den **mittelschweren Text** erschließt, bevor er zur neuen Zeile wechselt. Die Fixierungspunkte sind unregelmäßig verteilt. Dies ist der deutlichste Unterschied bei diesen beiden Blickbewegungsdiagrammen.

Natürlich erschließt sich der erwachsene Leser die Texte meist schneller und mit weniger Fixierungen als Kinder. Zusätzlich nehmen der höhere Schwierigkeitsgrad eines Textes oder die Menge an Fremdwörtern in Texten hierauf Einfluss. Alle Wörter sind dann nicht mehr schnell und ganzheitlich aufzunehmen. Vielmehr werden einzelne Wortteile oder Silben erkannt und das Wort dann in Gedanken zusammengesetzt.

Auch die **Abstände der Fixierungen sind unterschiedlich**. Sie richten sich zum einen nach dem Schwierigkeitsgrad des Textes und der Länge der Wörter, zum anderen nach der Lesegewandtheit und den Lesegewohnheiten des Lesers.

Anders sieht es aus, wenn der Text schwieriger zu lesen ist, beispielsweise durch viele Fremdwörter, Fußnoten, Bemerkungen in Klammern oder insgesamt schwer verständlich ist. Das zeigt Ihnen die nachfolgende **Darstellung der Augenbewegungen beim Lesen eines schweren Textes**:

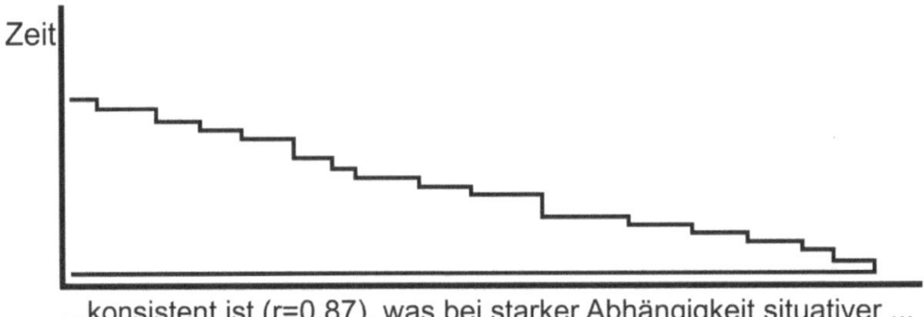

Abb.: Blickbewegungsdiagramm eines guten Lesers beim Lesen einer Zeile eines schwierigen Textes. Die gerade Linie stellt die Rückwärtsbewegung beim Zeilenwechsel dar.

Diese Grafik zeigt, wie sich der normale erwachsene Leser über insgesamt 16 Fixierungen einen schwierigen Text erschließt, bevor er zur neuen Zeile übergeht. Hier werden zwei weitere Besonderheiten deutlich:

1. Die Länge der Fixierungen ist kürzer und unterschiedlich. Sie ist abhängig von der Verständlichkeit der Wörter und wird stark beeinflusst von Dezimalzahlen, Klammern und Nebensätzen.

2. Die Dauer der Fixierung, also die Verharrungszeit, ist unterschiedlich lang. Das hat auch Auswirkungen auf die Gesamtzeit, die für das Lesen der Zeile benötigt wird.

Sie erkennen, dass sowohl die Lesegeschwindigkeit wie auch die Anzahl und Dauer der Fixierungen stark vom Schwierigkeitsgrad des Textes abhängt.

Dennoch sieht dieses letzte Blickbewegungsdiagramm eines schwierigen Textes noch ganz gut aus. Ganz im Gegensatz zum nun folgenden **Blickbewegungsdiagramm eines sehr langsamen Lesers**:

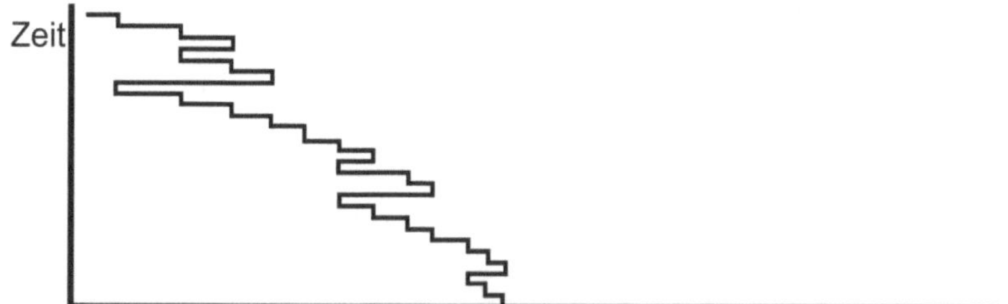

Abb.: Blickbewegungsdiagramm eines langsamen Lesers beim Lesen einer Zeile eines mittelschweren Textes.

Die letzte extreme Grafik zeigt, wie sich der langsame Leser über insgesamt 26 Fixierungen den normal schweren Text noch nicht einmal völlig erschließen kann. Er benötigt erheblich mehr Zeit als der normale Leser und kommt dabei dennoch nur knapp bis zur Hälfte der Zeile. Hier wird deutlich, dass der sehr langsame Leser nicht kontinuierlich ein Wort nach dem anderen liest, sondern sich bei etwas schwierigeren Wörtern immer wieder vergewissern muss, wie denn der Anfang des Satzes oder des Wortes hieß.

Dieses **Zurückspringen im Text** wird als **Regression** bezeichnet. Über dieses Thema können Sie weiter hinten noch mehr erfahren (im Kapitel „Die Regressionen").

Diese Schwierigkeiten des langsamen Lesers haben zur Folge, dass nicht nur mehr Zeit benötigt wird, sondern auch das **Textverständnis** durch das ständige Zurückspringen im Text **leidet**. Zusätzlich werden die **Augen** des langsamen Lesers eher anfangen zu **schmerzen**. Außerdem wird er, aufgrund der Anstrengung beim Lesen, **schneller müde** werden als ein geschulter Leser. Das Lesen dauert für den langsamen Leser nicht nur länger, sondern seine Augen müssen viel mehr und intensiver tätig werden; einmal ganz abgesehen von der Denktätigkeit. Auch dazu finden Sie im Kapitel „Die Regressionen" weitere Informationen.

Das **Blickbewegungsdiagramm eines routinierten Lesers** des gleichen Textes sieht dagegen völlig anders aus:

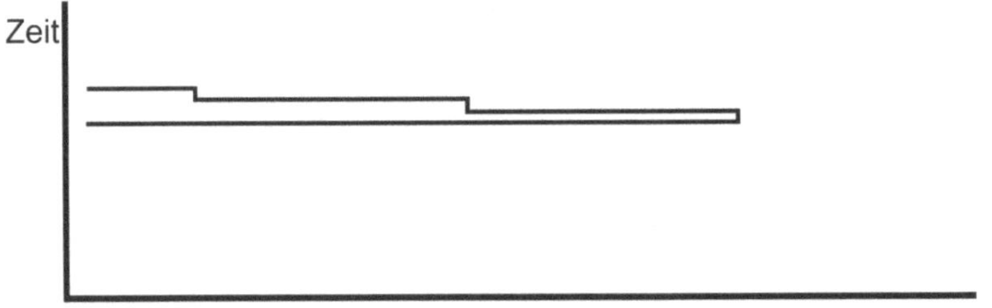

Abb.: Blickbewegungsdiagramm eines routinierten Lesers beim Lesen einer Zeile eines mittelschweren Textes. Die gerade Linie stellt die Rückwärtsbewegung beim Zeilenwechsel dar.

Bei diesem Blickbewegungsdiagramm fällt auf, dass der Leser mit drei zeitlich kurzen Fixierungen den Text einer Zeile vollständig erfasst. In der Praxis sieht das dann in etwa so aus:

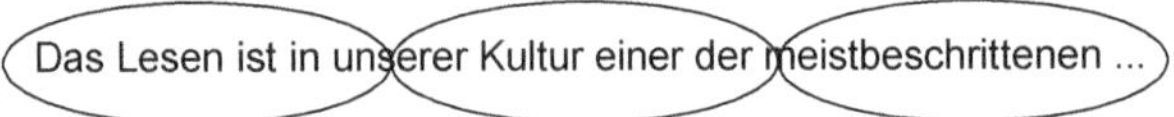

Diese Art zu lesen bedeutet für den Leser **erhebliche Vorteile**:

1. Es geht **schneller**. Statt beispielsweise 11 Fixierungen zu benötigen, kommt der Leser mit 3 Fixierungen aus.

2. Die Fixierungen **konzentrieren** sich auf wichtige Wörter im Text.

3. Die **Augen** machen weniger Fixierungen und **ermüden weniger stark** aufgrund eines wesentlich ruhigeren Bewegungsbildes.

Daraus resultiert: **Die Konzentrationsfähigkeit bleibt länger erhalten.**

Welches Blickbewegungsdiagramm kommt Ihren Ergebnissen aus den Augenbeobachtungsübungen am nächsten? Eine gewisse Anzahl von Regressionen ist durchaus im Rahmen des Normalen.

Fixierungen und die Auswirkungen

Aufgrund des bis hierher erworbenen Wissens können wir nun sagen, dass **Fixierungen** notwendig sind; es jedoch sinnvoll ist, sie für das rationelle Lesen **auf ein Mindestmaß** zu **beschränken**.

Jede Augenbewegung ist ein mechanischer Vorgang. Gestatten Sie bitte nun den Vergleich mit einer Maschine. Mechanische Vorgänge bei Maschinen haben den Nachteil, dass Maschinenteile einer Abnutzung unterliegen. Deshalb werden diese Teile regelmäßig geschmiert. Für die Augen brauchen wir bezüglich einer größeren Abnutzung keine Bedenken zu haben. Jedoch, beobachten Sie bitte bei sich selbst:

Wann tun Ihnen die Augen weh?
Wann reiben Sie sich Ihre Augen?

Geschieht dies während des Lesens oder nach längerem Lesen?

Augenbewegungen sind ziemlich gleichförmig. Immer kurze Stopps und in der Mehrzahl von links nach rechts. Die längere Bewegung hin zum Beginn der nächsten Zeile nach links findet viel seltener statt.

Grund für die ziemlich **stereotypen Augenbewegungen** ist die hohe Anzahl von Fixierungen pro Zeile. **Woher kommt das?** Hierzu ein kleiner **Exkurs** in die Schulzeit:

Während unserer Schulzeit haben wir fast alle das Mitlesen gelernt, während ein anderer Schüler vorgelesen hat. Diese Routine trainierte uns automatisch an, viele Fixierungen und Regressionen zu machen. Wir hatten unter anderem zu viel Zeit und dadurch den Text wiederholt angesehen.

Können Sie sich noch an folgende Situationen in der Schulzeit erinnern?
Ein Mitschüler las vor und Sie lasen leise mit. Dieses Vorlesen und Mitlesen ging naturgemäß ziemlich langsam. Was haben Sie dabei gedacht? Vielleicht „Lies endlich schneller!“ oder „Hoffentlich komme ich nicht als nächstes

dran."? An was haben Sie als Vorlesender gedacht? Vielleicht „Oh je, ich habe ein Komma überlesen.", „Wann kommt endlich der Nächste dran?". Vom Inhalt blieb bei beiden wenig übrig.

Warum liest nun der Mitlesende in der gleichen Geschwindigkeit wie der Vorlesende, wenn er doch schneller lesen könnte? Weil er der Nächste sein könnte, der an die Reihe kommt. Wenn er dann nicht weiß, wo er weiterlesen soll, wird ihm womöglich unterstellt, er hätte nicht aufgepasst. Das Dilemma ist, dass beim lauten Vorlesen und Mitlesen in der Regel beide, der Vorleser und der Mitleser, nur sehr wenig vom Inhalt mitbekommen. Diese Routine könnte entzerrt werden:

Routine 1: Einer liest vor, alle anderen hören zu. Hierbei geht es dann um das Vorlesen an sich und die Aussprache von Wörtern, Betonung, Rhythmus etc.

Routine 2: Sobald es darum geht Inhalte zu erfassen, sollte die Anweisung lauten: „Jeder liest den Text leise für sich. Achtet dabei auf … und nachher sprechen wir darüber."

In der Grundschule geht es ums Lesen lernen, also **die Fähigkeit des Lesens an sich**. Dort ist diese Routine gut platziert und sinnvoll. Das Lesen geht in diesem Zeitraum noch nicht so schnell. Spätestens **ab Klasse 5 geht es jedoch darum, Sachinhalte** in größerem Umfang **durch Lesen aufzunehmen**. Ab diesem Zeitpunkt, aber auch in der Ausbildung und im Studium benötigt der junge Mensch bereits weitere und zusätzliche Lesetechniken, die ihm leider meist nicht vermittelt werden. Er muss sie sich selbst aneignen.[13]

Wir lernen in der Grundschule das Lesen nach bestimmten Regeln. Diese **Regeln sind zum Lesenlernen prima geeignet**. Nur, **fürs Lesenkönnen** sind diese Regeln **nicht mehr gültig**. Da uns dies jedoch niemand sagt, überführen wir logischerweise die Regeln des Lesenlernens ins Lesenkönnen

13 Nach unserer Erfahrung wäre es sehr wünschenswert das effiziente Lesen allerspätestens in den Lehrplan der Fach- und Berufsschulen, Fachhochschulen und Universitäten einzubinden. Wenn wir mit Studenten über Lesetechniken oder bessere Gedächtnisleistungen sprechen, so bringen wir ihnen die Techniken mit erstaunlichen Erfolgen in extrem kurzer Zeit bei.

und dies verändert unsere bis dahin perfekte Blickbewegungsroutine zum Nachteil, ohne dass es jemand absichtlich tun oder bemerken würde. **Wichtig ist jedoch auch:** Fordern Sie bitte ein Kind im Leselernprozess **nie** auf, schnell zu lesen. Es lernt erst noch lesen. Dafür braucht es Zeit.

Nach diesem Exkurs über die Ursachen halten wir nochmals fest: Je weniger Text also mit einer Fixierung aufgenommen wird, desto mehr Fixierungen müssen pro Zeile gemacht werden, und desto eher ermüden die Augen.

Wer zu viele Fixierungen pro Zeile macht, wird beim Lesen eher ermüden.

Es ist daher sinnvoll, wenn Sie die **Fixierungen auf ein Mindestmaß beschränken**. Das ist möglich, bei gleichzeitig gutem Textverständnis. Die tatsächlich benötigte Anzahl von Fixierungen hängt jedoch immer auch vom Schwierigkeitsgrad des Textes ab.

Viele Fixierungen gehen mit einer geringen **Blickspanne** einher. Die Blickspanne ist die Menge an Text, die mit einem Blick in die Wahrnehmung kommt. Sowohl eine hohe Anzahl an Fixierungen als auch eine zu geringe Blickspanne sind lediglich Gewohnheiten. Daher sind die **Verringerung der notwendigen Fixierungsanzahl und die Erhöhung der Blickspanne mit bestimmten Übungen erreichbar**. Diese finden Sie gleich auf den nächsten Seiten. Wenn Sie Ihr Leseverhalten verbessern möchten, empfiehlt es sich **systematisch vorzugehen**. Auf diese Weise werden Sie einen größeren Lernerfolg leichter erreichen.

Die Übungen sind so aufgebaut, dass Sie nahezu unmerklich gleichzeitig die Zahl Ihrer Fixierungen verringern und Ihre Blickspanne besser ausnutzen. **Folgen Sie einfach den Hinweisen zu den Übungen.**

Übung Fixierungen 1

Ziel: Sich darüber klar werden, mit wie wenigen Fixierungen Sie auskommen können. Bewusst Fixierungen machen.

Vorgehen: Bitte lesen Sie den folgenden Text. Einige der Wörter sind künstlich getrennt, sodass Sie ganz gezielt bei jedem Wort oder Wortteil nur **eine** Fixierung zu machen brauchen. (Die Worttrennungen sind nicht nach Rechtschreibregeln erfolgt, sondern dienen lediglich dazu, langsam und bewusst Fixierungen zu machen). Bitte lassen Sie sich mit der Übung ruhig Zeit.

Das Verstehen des Textes ist jetzt geringfügig schwieriger, weil Sie sich auf die Technik mit den Fixierungen konzentrieren. Daher legen Sie bitte ein zusätzliches Augenmerk auf den Inhalt.

Text:[14]

Verhandlungen in Italien

Bei Spei sen und Ge trän ken gibt es kei ne Be schrän kun gen. Auch streng gläu bige, prak ti zie ren de Ka tho li ken neh men an Fleisch ge rich ten selbst in der Fasten zeit und an Frei tagen kei ner lei An stoss. An ders ist es nur bei Ein la dun gen geist licher Wür den trä ger der rö misch - ka tho lischen Kir che. Pünkt lich keit wird ins beson dere von deut schen Gäs ten er war tet. Ins be son dere bei Essens ein la dun gen soll te der Gast nicht spä ter als 10 bis 15 Mi nu ten nach der fest ge setz ten Zeit ein tref fen. In der Regel wird nach einer hal ben Stun de zu Tisch ge beten.

Beim Lesen dieses Textes konnten Sie bei sich selbst erkennen, dass es nicht allzu schwer war, silbenweise vorzugehen. Wenn Sie diese Technik des bewussten Fixierens noch weiter üben möchten, können Sie die folgende Übung ebenso mitmachen.

---

14 H. Commer: Knigge International, ECON Taschenbuch-Verlag, Düsseldorf, Seite 119. Abdruck mit freundlicher Genehmigung des ECON-Verlag, Düsseldorf.

Übung Fixierungen 2

Ziel: Diese Fähigkeit weiter trainieren.

Vorgehen: Bitte lesen Sie wieder die nachstehende Geschichte. Dieses Mal sind nur wenige Wörter künstlich getrennt, sodass Sie ganz gezielt bei jedem Wort oder Wortteil lediglich eine Fixierung zu machen brauchen.

Text:[15]

Knigge International

„Nicht nur Geschäfts reisende stehen im Ausland ständig vor folgenden wichtigen Fragen: Wie soll ich mich verhalten, kleiden, sprechen, um optimal 'anzu kommen'"? Wie erhalte ich die zweck mäßigsten und oft entschei denden Infor mationen und Kontakte für optimalen beruf lichen und privaten Erfolg im Ausland? Dr. Heinz Commer beantwortet diese Fragen für alle Länder. Sein Auslands- ABC ist ein unent behrlicher Ratgeber für jeden Auslands reisenden.“

Wenn Sie auch diese Übung mit Bravour hinter sich gebracht haben, so haben Sie sich bereits eine gute Voraussetzung für die weitere Verbesserung Ihrer Lesefähigkeit geschaffen.

Die **nächste Stufe** ist nun, dass Sie Ihre **Blickspanne**, also die Breite Ihres Blickes, **besser ausnutzen**. Der Vorteil für Sie ist, dass Sie mehr Informationen in kürzerer Zeit aufnehmen können und gleichzeitig das Lesen als weniger anstrengend empfinden werden. Hierzu finden Sie in dem entsprechenden Kapitel „Die Konzentration“ weitere ausführliche Übungen. Doch lassen Sie uns zunächst überlegen, was das Aufnehmen von Informationen noch erschwert.

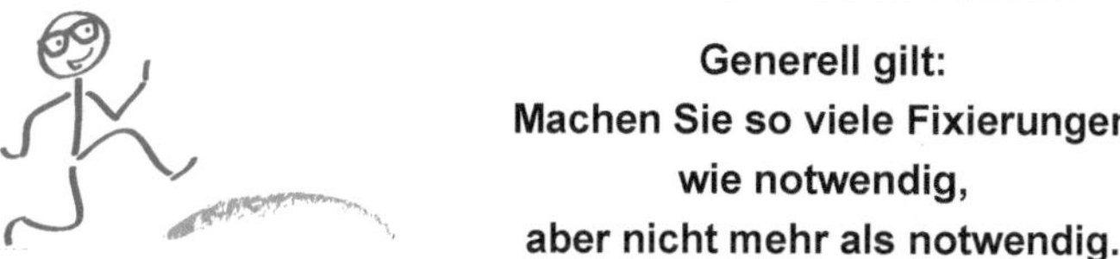

Generell gilt:
Machen Sie so viele Fixierungen
wie notwendig,
aber nicht mehr als notwendig.

15 H. Commer: Knigge International, ECON Taschenbuch-Verlag, Düsseldorf, Seite 119. Abdruck mit freundlicher Genehmigung des ECON-Verlag, Düsseldorf.

Die Konzentration

Am Anfang dieses Buches hatte ich Ihnen geschildert, dass Umgebungsgeräusche von der Lesetätigkeit ablenken, aber auch die eigene Konzentrationsfähigkeit manchmal nicht so gut entwickelt ist. Das merken Sie beispielsweise auch beim Korrekturlesen von Texten. Ihre Konzentrationsfähigkeit und Aufmerksamkeit lassen sich trainieren.

Konzentrationsübung 1

Ziel: Schnelles Wiedererkennen, Vergleichen sowie bewusstes und konzentriertes Arbeiten.

Vorgehen: Bitte suchen Sie zügig in dieser Übung die ungleichen Wortpaare. Streichen Sie diese Ungleichen an. Davon gibt es 20 Stück. Denken Sie bitte an die Zeit! Sie sollten alle ungleichen Wortpaare innerhalb von 30 Sekunden gefunden haben. Die Übung geht über zwei Seiten. Bitte messen Sie die Zeit.

BENUG GITTA GICHT GREEN
GENUG GITTA GICHT GREEM

Asama Autor Baden Bande
Asama Au1or Beden Bande

curie chaos costa chips
corie chaoe costa chips

F1GUR FIDEL FORUM GRCCO
FIGUR FIDEL FORUM GRECO

Corps Minut Casio Train
Korps Mintt Casio Train

Junge	KABUL	Julia	kamin
Junge	KABUL	Julia	kanin
MOGUL	MERCI	MOLCH	MOFRS
MOGUL	MERCI	MOLCH	MOERS
Wille	brain	lampe	stuhl
Willi	brein	lampe	stuhl
posan	tulpe	prost	quirl
posen	pulpe	prost	qnirl
Summe	Surat	Sucht	Suite
Summe	Surat	Sucht	Suite
tatar	taufe	tramp	trude
tatar	teufe	framp	tiude

Gefundene Ungleiche: .... Zeit: .... Sek.

Haben Sie alle 20 ungleichen Paare gefunden? Wenn nicht, welche haben Sie übersehen? Sind es immer die gleichen Buchstaben, die Sie übersehen oder bei denen Sie immer wieder Fehler machen? Sehr wahrscheinlich ist das auch bei Ihnen der Fall. Immer wieder die gleichen Fehler. Allerdings können es auch bei Ihnen eher Zufallsergebnisse sein, wenn Sie Fehler finden.

Bei der folgenden Übung können Sie zu weiteren Erkenntnissen gelangen:

Konzentrationsübung 2

Ziel: Wie bei Konzentrationsübung 1, zusätzlich das schnelle Erkennen von Tippfehlern beim Korrekturlesen.

Vorgehen: Bitte suchen Sie im folgenden Text zügig die beiden versteckten Tippfehler. Groß- und Kleinschreibung gelten dabei nicht. Streichen Sie diese Tippfehler bitte an und versuchen Sie, diese Übung innerhalb von 5 Sekunden zu beenden.

Text:

> Der Vorteil für Sie ist, dass Sie mehr Informatonen in kürzerer Zeit aufnehmen können und gleichzeitig das Lesen als weniger anstrengend empfinden werden. Hierzu finden Sie in dem entsprechenden Kapltel „Die Konzentration" weitere ausführliche Übungen.

Die Konzentrationsübungen 1 und 2 sind übrigens nicht nur für das Korrigieren von Texten wichtig. Auch wenn wir Briefe schreiben, fallen uns die eigenen Tippfehler meist nicht auf. Auch hier können Konzentrationsübungen helfen, sofern unsere Wahrnehmung die Fehler nicht automatisch korrigiert, weil wir mit dem Wortbild entsprechend stark vertraut sind. Deshalb ist es sinnvoll beim Korrekturlesen auf Rechtschreibfehler rückwärts zu lesen.

Übrigens: Wissen Sie noch, wie viele Fixierungen Sie pro Wort bei Konzentrationsübung 1 gemacht haben? Vermutlich war es pro Wort eine Fixierung. Die nächste Fixierung war für das darunter stehende Wort vorgesehen. So können Sie beide viel schneller und leichter miteinander vergleichen, als wenn Sie buchstabenweise vorgehen.

Die nächste Stufe ist, dass Sie **beide** untereinanderstehenden **Wörter mit nur einem Blick** vergleichen. Probieren Sie dies bitte zunächst bei Konzentrationsübung 1 aus. Erst danach wenden Sie diese Technik bei der kommenden Übung ebenfalls an. Eine zusätzliche Hilfe ist es, wenn Sie **spaltenweise** statt zeilenweise vorgehen. Bitte beachten Sie diese Tipps bei der folgenden Übung.

Konzentrationsübung 3

Ziel: Bewusste und konzentrierte Arbeit bei systematischem Vorgehen.

Vorgehen: Bitte streichen Sie hier die 22 ungleichen Paare zügig an. Gehen Sie so systematisch vor, wie eben beschrieben. Denken Sie wieder an die Zeit! Auch diese ungleichen Wortpaare sollten Sie innerhalb von 30 Sekunden gefunden haben.

Treue	DURST	Feuer	KETTE
Treue	DUR5T	Fener	KETTE
FLAUM	Stoff	Ferse	Bande
FLAUN	Stoft	Ferae	Bande
irren	WALZE	Puder	atmen
Irren	WALSE	Puder	atmen
Saldo	Stoff	nackt	Gnade
Safdo	Stoft	nackt	Gnade
Kiste	sechs	GEBEN	OFFEN
Kiete	sechs	GE8EN	OFFEN
ETWAS	BIETE	Sonne	Sache
ETWSS	B1ETE	Sonne	Sacha
statt	STADT	ruhig	KETTE
sfatt	STADT	ruhlg	KETTE
Baden	Hölle	Musik	AUTOS
Badan	Hölle	Mosik	AUTOS
RUHIG	Titel	Theke	HILFE
BUHIG	Titel	Theke	HILFE
Glied	Wagen	BONUS	WERFT
Glied	Wogen	BONUS	WERFT
Eiter	Ärger	Sumpf	WOLKE
Eiter	Ärger	Sunpf	WOLKF

Gefundene Ungleiche: .... Zeit: .... Sek.

Bei dieser zweiten Übung sollten Sie ebenfalls innerhalb von 30 Sekunden alle ungleichen Paare gefunden haben. Wenn Sie unter 20 Sekunden geblieben sind, ist das sehr gut.

Neben der richtigen Konzentrationsfähigkeit und dem optimalen Umgang mit bewussten Fixierungen ist die Erweiterung der Blickspanne eine zusätzliche Hilfe. Damit können Sie mehr erkennen und auch leichter den Ballast von Wichtigem trennen. Daher ist es für jeden Leser wichtig, sich auch über die richtige Blickspannweite der eigenen Augen Gedanken zu machen.

Die Blickspanne trainieren

Um mit einer sinnvollen Geschwindigkeit verstehend lesen zu können, ist das **Ausnutzen der Blickspanne unserer Augen enorm wichtig**. Die Blickspanne erfasst die Menge an Text, die mit einem Blick in Ihre Wahrnehmung kommt.

Die meisten Menschen nutzen lediglich eine Blickspanne von circa 1° (einem Grad) aus. Das entspricht bei einem normalem Leseabstand von 30 cm knapp einem Zentimeter. Dieser eine Zentimeter reicht aus, drei- bis vierbuchstabige Wörter mit einem Blick aufzunehmen.

Abb.: Die Blickspanne eines nicht geschulten Lesers beträgt in der Regel nur circa 1°!

Für das rationelle Lesen ist 1° Blickspanne aber viel zu wenig, weil dann mit einer Fixierung nur sehr kurze Wörter oder nur wenige Buchstaben aufgenommen werden können. Die Folge sind viele Fixierungen pro Textzeile mit den entsprechenden Nachteilen, die im Kapitel „Die Fixierungen" angeführt sind.

Ein Phänomen, das bei einer zu geringen Blickspanne auftritt, ist beispielsweise das **Gefühl nach dem Lesen, den Text überhaupt nicht gelesen zu haben**. Es kommt zu wenig qualitativer Text innerhalb eines gewissen Zeitraumes im Gehirn an. Ihrem Gehirn wird regelrecht langweilig. Also sucht es sich eine andere Beschäftigung. Die Gedanken fliegen davon und bewusst wird dies am Ende des Textes. Tatsächlich haben Sie den Text gelesen, jedoch nur unbewusst, denn bewusst hatten Sie an etwas anderes gedacht.

Wenn Sie das folgende Experiment machen, können Sie schnell erkennen, wie eingeschränkt eine Blickspannweite von circa 1 Grad ist:

Übung: Experiment Blickspanne

Ziel: Erkennen, wie groß Ihr eigener Blickwinkel ist.

Vorgehen: Bitte stehen Sie auf, strecken Sie beide Arme in Augenhöhe nach vorne und schauen Sie geradeaus. Winkeln Sie die Finger von der Handfläche so ab, dass sich Ihre Fingerspritzen berühren. Dort halten Sie nun die ganze Zeit über Ihren Blick. Bitte bewegen Sie dann Ihre Fingerspitzen. Spreizen Sie Ihre Arme (ausgestreckt lassen und in Augenhöhe bleiben) so lange, bis Sie Ihre Finger, beim Blick nach vorne, gerade noch sehen können. Dort halten Sie an. Bleiben Sie nun so stehen. In welchem Winkel befinden sich Ihre Hände zum Körper?

Sie werden vermutlich verblüfft sein, wie groß Ihr Blickwinkel ist: Fast 150 bis 160 Grad; vielleicht etwas mehr oder etwas weniger. Definitiv jedoch erheblich mehr als nur 1 Grad. Zum Rande Ihres Blickfeldes hin werden Sie unscharf gesehen haben. Eine so große Blickspanne ist beim Lesen jedoch auch gar nicht erforderlich.

Dieses kleine Experiment demonstriert, dass Sie Ihre Blickspannweite für das Lesen noch viel besser ausnutzen könnten. Das soll in diesem Kapitel unser Ziel sein.

Wird die Blickspanne beim **Lesen mit circa 12°** ausgenutzt, so **lässt sich**, bei normalem Leseabstand, ein **Text** von **circa 8 cm Breite erfassen**! Dadurch werden nicht nur einzelne Wörter, sondern auch der Sinn des Textes erfasst.

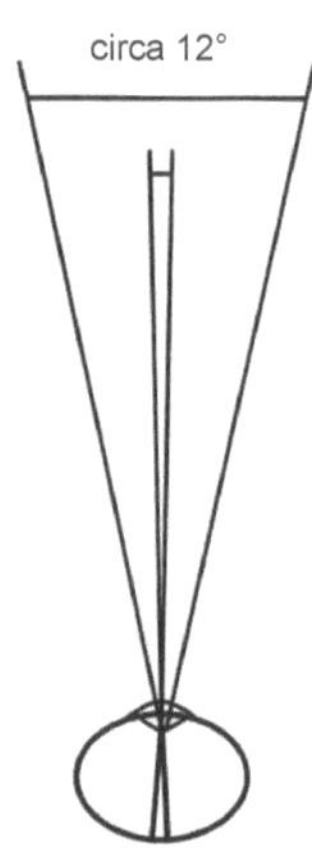

Abb.: Ideal sind beim Lesen circa 12° Blickspanne. Damit können etwa 8 cm Text erfasst werden.

Das Tunnel-Sehen

Ermüdungserscheinungen verengen den Blickwinkel ebenfalls und Sie nehmen dann nicht mehr alles wahr, was um Sie herum geschieht; mit Ausnahme eines kleinen Winkels (in etwa 1 Grad) in gerader Linie vor Ihren Augen. Dieser Effekt wird als Tunnel-Sehen bezeichnet. Einen ähnlichen Effekt eines eingeschränkten Blickwinkels können Sie beobachten, wenn Sie längere Zeit Autofahren. Vergleichbar mit einer Fahrt durch einen Tunnel, bei dem Sie das Licht am Ende des Tunnels sehen, können die Augen nicht mehr die Eindrücke rechts und links wahrnehmen. Der Blick hat sich verengt. **Höchste Zeit, Pause zu machen!**

Die Blickspanne besser ausnutzen

Die meisten Menschen können ihre Blickspanne besser ausnutzen, als sie es im Moment tun. Steigerungsfähig ist die Blickspanne zum Lesen üblicherweise auf circa **12 Grad**. Das **entspricht** bei normalem Leseabstand von 30–40 cm **ungefähr 8 cm**. Manche Personen erreichen noch höhere Werte und erfassen dadurch die ganze Seitenbreite eines Textes in DIN A4-Breite.

Für das effiziente Lesen reichen schon 5–7 cm Blickspannweite aus.

Mit dieser gezielt verbreiterten Blickspanne können Sie mit einem Blick sehr viel mehr Informationen erfassen und auch verstehen. Um dies zu verdeutlichen, hier eine Analogie aus der Computerwelt.

Die Informationsverarbeitung unserer Augen und des Gehirns ist für unsere Begriffe unermesslich. Unser herkömmliches Lesen ist vergleichbar mit der seriellen Schnittstelle eines Computers. Die **serielle** Schnittstelle gibt nacheinander Bit für Bit an den Drucker weiter. Genauso, wie unser Auge nacheinander Wort für Wort an unser Gehirn weitergibt. Dagegen kann die **parallele** Schnittstelle eines Computers beispielsweise

8 Bit = 1 Byte
zur gleichen Zeit

weitergeben. Dadurch funktioniert also jede Datenübertragung
achtmal so schnell!

Auf uns Menschen übertragen heißt das: Wenn Sie Ihre Blickspanne besser ausnutzen, nehmen Sie **mehrere Wörter zur gleichen Zeit** auf und geben sie an Ihr Gehirn zur Verarbeitung weiter. Dadurch **hat** Ihr **Gehirn es leichter**, die einzelnen Informationen **zu vernetzen**. Ihr Gehirn schafft diese Informationsmengenerweiterung. Halten Sie sich einfach die Grafik der Fixierungen eines langsamen Lesers erneut vor Augen.

Sie trainieren sich **lediglich** darin, den **Nutzungsgrad** Ihrer sowieso schon bereits vorhandenen **Blickspanne** zu **erhöhen**. Dies können Sie mit den folgenden Übungen erreichen.

Übung – Blickspanne 1

Ziel: Das Erkennen der eigenen Blickspanne

Vorgehen: Bitte lesen Sie mit normalem Leseabstand (in etwa 30 cm) die folgenden Zeilen. Lesen Sie bitte leise. Da die einzelnen Wörter in der Regel keine Verbindung miteinander haben, dreht es sich nicht darum, sich den Inhalt zu merken.

Bug - Oel
Ahr - Alb
alt - Bon
Ida - Hof
Lob - Iro
Lee - Jod
Ren - Rio
Rum - Pan
Opa - Rad
Ruf - Rat
Ski - Ulm
Tod - Typ
Ute - Weh

Wohin haben Sie geschaut, als Sie diese Wörter gelesen haben?

Möglichkeit 1: Sie haben jedes Wort fixiert und dabei ungefähr auf die Mitte jedes Wortes geschaut.

Wenn Sie dies getan haben, stimmen Sie mit den meisten Lesern überein. Weil die meisten Menschen Wort für Wort lesen, bleibt ihre Lesegeschwindigkeit stabil, aber ziemlich langsam. Schnelles Lesen ist so jedoch nicht möglich.

Möglichkeit 2: Sie haben Ihren Blick auf den Bindestrich in der Mitte gerichtet und dabei dennoch beide Wörter wahrgenommen.

In diesem Fall konnten Sie alles lesen, obwohl Sie lediglich auf den Bindestrich in der Mitte geschaut haben. Das ist eine gute Voraussetzung für schnelles Lesen. So haben Sie mit einem Blick (auf den Bindestrich) gleichzeitig beide Begriffe wahrgenommen und mit einem Blick sofort die ganze Zeile erfasst. Das ist gut und der richtige Weg für das schnelle Lesen.

Wenn Sie bei der Übung Möglichkeit 1 gewählt haben und auf jedes einzelne Wort geschaut haben, so wiederholen Sie bitte diese Übung. Lesen Sie jetzt bitte diese Wörter erneut und versuchen Sie dabei, den Bindestrich in der Mitte als Führungslinie zu benutzen.

Hat es geklappt? Herzlichen Glückwunsch! Sie haben die erste Hürde zum rationellen Lesen genommen. Jetzt geht es darum, diese Fähigkeiten zu stabilisieren. Dabei hilft Ihnen die folgende Übung.

Übung – Blickspanne 2

Ziel: Das Erkennen und Ausnutzen der eigenen Blickspanne

Vorgehen: Bitte lesen Sie mit normalem Leseabstand die folgenden Wörter. Achten Sie dabei wieder darauf, nur auf den Bindestrich zu schauen und trotzdem beide Wörter mit nur einem Blick wahrzunehmen. Bitte lesen Sie nicht laut. Es ist nicht notwendig, sich die Wörter zu merken.

bis - Bug
Boa - Cap
Elf - gut
Ohr - Uhr
Fox - Heu
Kap - Che
Don - Enz
Duo - Ost
Eta - Psi
Rad - Ruf
Sam - Rum
Hai - Dur
Hof - sag
Mob - Riss
Mus - Fee

Auch bei dieser Übung sollten Sie zur gleichen Zeit beide Wörter aufgenommen haben.

Übung – Blickspanne 3

Ziel: Das Erkennen und Ausnutzen der eigenen Blickspanne

Vorgehen: Wie vorige Übung.

mit - Tag
Bär - Mai
los - sag
gut - Aal
Sog - mir
wer - öde
Bass - Hut
Ehe - ihr
weg - hin
Rat - vor
Zeh - wie
und - Zug
her - Mal
als - der
nie - weg
sie - Erz
Lee - elf
zog - ein

Übung – Blickspanne 4

Ziel: Das Erkennen und Ausnutzen der eigenen Blickspanne

Vorgehen: Wie vorige Übung.

Jod - Dom
ihn - jäh
das - pro
hat - Kur
Zoo - Kuss
man - Akt
Rad - Ahn
Bad - Ohr
ihm - Aas
gar - wir
aus - mal
Fis - Fug
mus - gar
Mut - Tor
Bar - See
bei - Ton
tot - zur
Axt - Ruf

Wenn Sie diese Übung für sich selbst zufriedenstellend erledigt haben, können Sie die nächste Übung angehen. Auch sie ist eine der Grundlagen des schnellen Lesens. Jetzt nehmen Sie bewusst mit einem Blick mehrere Wörter auf. So müssen Sie nicht mehr Wort für Wort jeden Text lesen.

Sollten Sie dagegen mit sich selbst noch nicht zufrieden sein, wiederholen Sie bitte diese letzten drei Übungen und gehen erst dann in diesem Buch weiter.

Die gezielte Erweiterung der Blickspanne

Sie haben erkannt, dass Sie nicht Wort-für-Wort lesen müssen. Dennoch können Sie den Sinn beider Worte zur gleichen Zeit und miteinander aufnehmen. Jetzt geht es darum, Ihre schon erreichte Informationsmenge bewusst zu erhöhen.

Dies geschieht ebenfalls mit einigen Übungen, in denen die Wörter ganz bewusst immer mehr Buchstaben haben. Dadurch lässt sich die Nutzung Ihrer Blickspanne ganz einfach erweitern.

Auch wenn Ihnen das Lesen der nicht zusammenhängenden Wörter in den folgenden Übungen schwerfallen sollte, so sind sie dennoch wichtig. Sie sollten sich darauf trainieren, nicht nur auf ein Wort zu schauen. Bei diesen Übungen kommt es ja nicht auf das Textverständnis an, sondern nur auf das Einüben der neuen Technik.

Übung Blickspanne erweitern 1

Ziel: Die stufenweise und bewusste Erweiterung der Blickspannweite und das gleichzeitige Erfassen aller Worte in einer Zeile. Wissenschaftlich gesehen nutzen Sie Ihre Blickspanne nur besser aus.

Vorgehen: Bitte lesen Sie mit normalem Leseabstand die folgenden Wörter. Achten Sie wieder darauf, nur auf den Bindestrich zu schauen, während Sie beide Wörter wahrnehmen (also nur eine Fixierung pro Zeile). Sie müssen nicht sehr schnell vorgehen – Sie können sich Zeit lassen.

Schauen Sie bitte nur auf den Bindestrich (nicht laut lesen!).

Bit	-	ein
Ben	-	Tat
Rat	-	Rad
Bau	-	Ode
Elf	-	Uhr
Sau	-	hat
Hut	-	kam
Bett	-	Rahe
Alster	-	lauter
Spritze	-	Stachus
Dissident	-	reiflich

In der Zwischenzeit war es sicher kein Problem mehr für Sie, die beiden Wörter einer Zeile zur gleichen Zeit wahrzunehmen. Das funktionierte wahrscheinlich auf den ersten Zeilen besser als weiter unten. Ging es auch noch, als Sie zu den breiteren Zeilen am Schluss dieser letzten Übung kamen?

Wenn Sie diese Frage bejahen können, prima. Sollten Sie jedoch die letzten Zeilen nicht mehr richtig wahrgenommen haben, können Sie die letzten Übungen, bei den dreibuchstabigen Wörtern beginnend, wiederholen. Sicher funktioniert es dann.

Es kann sein, dass Sie auch jetzt mit Ihrer Leistung noch nicht zufrieden sind. Sollte das der Fall sein, überprüfen Sie bitte Ihren Leseabstand. Lesen Sie vielleicht mit einem Abstand zwischen Nase und Lektüre von unter 30 cm? Wenn ja, ist es ratsam, diesen Abstand unbedingt zu vergrößern und die letzten Übungen zu wiederholen. 30–40 cm Leseabstand sind ideal.

Übung Blickspanne erweitern 2

Ziel: Die stufenweise und bewusste Erweiterung der Blickspanne. Das gleichzeitige Erfassen aller Worte in einer Zeile.

Vorgehen: Wie vorige Übung.

Sam - Rum
Pop - Tat
Süd - See
wau - wau
UNO - six
Ute - Ulk
Fon - Fax
Park - Ring
Witz - Dill
dort - Dose
Kamm - doch
Wille - Werk
Haus - Tritt
Gabe - Feuer
Taste - Tasche
Blatt - E-Mail
Füller - Kuli
Auto - Bahn
Blick - Spanne
Hotel - Haus
Zahl - Wort

Übung Blickspanne erweitern 3

Vorgehen: Wie vorige Übung.

Tod	-	bar
Dia	-	dass
bar	-	Bär
Salz	-	fünf
Brei	-	weit
klar	-	Fred
Athen	-	Baker
Artus	-	Aspen
Baden	-	einer
Feuer	-	Kette
Fleiß	-	Treue
weise	-	fegen
Anfang	-	Arche
Benzin	-	Spitze
Ausruf	-	Rekord
Dachau	-	Dallas
Eiland	-	Dussel
Elster	-	Meteor
Melisse	-	Knorpel
paddeln	-	Pudding
Rochade	-	Balduin
prickeln	-	nahrhaft
Bodensee	-	Viehzeug

Übung Blickspanne erweitern 4

Vorgehen: Wie vorige Übung.

rau - Hut
Heu - ich
für - Tau
Lärm - Mohr
bald - Hund
Flur - Stopp
Glied - Tiefe
Werft - Hilfe
Bonus - irren
Straße - traben
Pferde - Futter
Murmel - Kirche
Italien - fechten
durstig - trinken
Teilung - Raucher
Karriere - Bücher
Gebäude - Diamant
nochmals - Kamerad
Virginia - Unterarm
Gasthöfe - Buchzeit
Abstand - Turbine
prickeln - nahrhaft
Witzbold - Getränke

Übung Blickspanne erweitern 5

Vorgehen: Wie vorige Übung.

Kuh - Alm
was - bis
Tee - ist
Taxe - Wind
bald - mehr
Malz - Bier
Flöte - fromm
Leben - Moral
Malz - Bier
Flöte - fromm
Leben - Moral
Feder - toben
Gegner - Entzug
Gebäck - Effekt
Tausch - morgen
durstig - Alkohol
Währung - Beträge
anfangs - Gewerbe
Automatik - Ursachen

Nach diesen Übungen waren sicher auch die breiteren Zeilen am Schluss kein großes Problem mehr für Sie. Übrigens: Sie können diese Übungen gern wiederholen, wenn Sie noch nicht ganz zufrieden sind. In diesem Fall schauen Sie bitte ganz bewusst ungefähr ein bis zwei Sekunden lang auf den Bindestrich. Diese Zeit sollten Sie sich nehmen, um in Ruhe beide Worte wahrnehmen zu können. Während dieser Zeit schauen Sie bitte nur auf den Bindestrich und versuchen dabei alles zu erkennen.

Nun sind Sie sicherlich bereit für den nächsten Schritt.

Nachdem Sie sich bei den vorherigen Übungen vom Bindestrich haben leiten lassen, folgen nun einige Übungen ohne Bindestrich. Dabei werden Sie unter

Umständen merken, dass es Ihnen jetzt schwerer fallen wird, das Wortpaar zur gleichen Zeit aufzunehmen.

Bitte absolvieren Sie diese Übung einfach so lange, bis es Ihnen leichtfällt. Sie werden bei den darauffolgenden Übungen feststellen, dass es sich für Sie auszahlt.

Übung Blickspanne erweitern 6

Ziel: Die stufenweise und bewusste Erweiterung der Blickspanne. Das gleichzeitige Erfassen aller Wörter einer Zeile.

Vorgehen: Bitte lesen Sie mit normalem Leseabstand auch die folgenden Wortpaare. Achten Sie jetzt darauf, ungefähr auf die Mitte der Zeile zu schauen (dort, wo in der vorigen Übung der Bindestrich war). Sie lesen also mit nur einer Fixierung pro Zeile und versuchen auch hier beide Wörter wahrzunehmen. Sie müssen nicht sehr schnell vorgehen – Sie können sich auch hier Zeit lassen. Außerdem ist es wieder beabsichtigt, dass es keinen Sinn zwischen den Wörtern und Wortpaaren gibt.

öde Geld
Maßnahme erschöpft
Berg Top
Gelassenheit eigenartig
Art Ute
Diskussion augenblicklich
Ob per
Pferderennen Grafiker
Bass Boss
außerhalb Spannungen
Kinn Tipp jedenfalls
Gedanke
nur zur
versuchen Landwirtschaft
so Uhr
Verwandtschaft tatsächlich
Saal voll
Erholung Südsee
Gold wahr
Unternehmen Zuschuss
jede Seite
Abendmahl augenblicklich
und Dach
Platzangst Beratung
Tal sehr
Unterhalt beruflich
Tal Fluss
Verhalten Entsorgung
damals auch
Echolotung Felsmassiv
Uhr Witz
Einladung Samstagabend
Fritz Wand

Ja, diese Übungen sind ziemlich schwierig. Bitte machen Sie dennoch mit der folgenden Übung weiter.

Übung Blickspanne erweitern 7

Ziel: Die stufenweise und bewusste Erweiterung der Blickspanne. Das gleichzeitige Erfassen aller Worte in einer Zeile.

Vorgehen: Wie vorige Übung.

Tal Tod
sonderlich Entsorgung
Herz Fall
wenigstens Flughafen
Tür Tor
Krankheit körperlich
Fuß mit
absichtlich gegenseitig
fünf nie
Mannschaft Rad fahren
Kuh Saal
Gemeinschaft willkommen
Tag Abt
verdächtig Fahrradfahren
weich eben

Vielen Dank dafür, dass Sie diese letzten Übungen mitgemacht haben. Wir wissen, dass sie sehr schwierig waren. Als Belohnung werden Sie gleich merken, dass Sie den Sinn der folgenden Texte viel leichter erfassen können, weil Sie die schwierigen Übungen vorgeschaltet hatten.

Übung Blickspanne erweitern 8

Ziel: Das gleichzeitige Erfassen aller Worte in einer Zeile und das Erfassen des Sinnes eines Kurztextes

Vorgehen: Bitte lesen Sie die folgenden Texte mit normalem Leseabstand. Jeder Text ist in sich abgeschlossen. Achten Sie auch hier darauf, ungefähr auf die Mitte der Zeile zu sehen (also nur eine Fixierung pro Zeile) und die ganze Zeile wahrzunehmen.

Knigge in GB

Wenn die
zurückhaltenden Briten
es auch nicht
ausdrücklich sagen,
so sind sie doch
von folgendem verletzt.
Besser also,
insbesondere für Ausländer,
sich entsprechend
zu verhalten:
Nicht von „den Engländern",
sondern konkret
von Briten, Schotten,
Walisern sprechen.
Die Regionen
sind in Großbritannien
sehr wichtig.[16]

---

16 H. Commer: Knigge International, ECON Taschenbuch-Verlag, Düsseldorf, Seite 91. Abdruck mit freundlicher Genehmigung des ECON-Verlag, Düsseldorf.

Knigge in USA

Wir sehen
vor lauter Lockerheit
und Lässigkeit nicht,
dass das amerikanische Leben
im Grunde
von starken Formen
geprägt ist.
Denn:
Kein Hotel
oder Restaurant
in den Vereinigten Staaten,
das auf sich hält,
lässt in seine
„gehobenen" Räume
die Herren
ohne Sakko
und Krawatte eintreten.[17]

Knigge in Japan

Seien Sie
darauf vorbereitet,
dass die Verhandlungen
sich auch noch
über den Feierabend hinaus
erstrecken können.
Vertrauen Sie sich
der Gastfreundschaft an,
und revanchieren Sie sich
im geeigneten Augenblick.[18]

---

17 H. Commer: Knigge International, ECON Taschenbuch-Verlag, Düsseldorf, Seite 126. Abdruck mit freundlicher Genehmigung des ECON-Verlag, Düsseldorf.

18 H. Commer: Knigge International, ECON Taschenbuch-Verlag, Düsseldorf, Seite 275. Abdruck mit freundlicher Genehmigung des ECON-Verlag, Düsseldorf.

Vermutlich fiel es Ihnen nun sehr viel leichter, diese Texte zu lesen. Sie konnten sie ja gleichzeitig auch verstehen, während das bei den nicht zusammenhängenden Wortkombinationen nicht möglich war. Sie konnten sicher bei diesen Texten auch die ganze Zeile überblicken. Damit haben Sie eine weitere Hürde zum rationelleren Lesen genommen.

Der nächste Schritt ist, dass Sie diese Technik auf normal geschriebene Texte übertragen.

Das situationsgerechte strategische Lesen

Sie haben gemerkt, dass Sie bei schmalen Zeilen durchaus mit nur **einer** Fixierung die vollständige Zeile mit einem Blick aufnehmen können.

Dieses Vorgehen bringt Ihnen Zeitersparnis und besseres Textverständnis. Lassen Sie uns zuerst auf die Zeitersparnis hintrainieren.

Trotzdem: Lassen Sie sich nicht durch die Zeit im Nacken antreiben. Dies wäre kontraproduktiv. Wenn Sie die bisherigen Übungen mitgemacht haben, lesen Sie erheblich schneller. Es **wird Ihnen aber nicht so schnell oder gar langsam vorkommen**, **weil** Sie tatsächlich **weniger Augenbewegungen** machen. Die Zahl der Fixierungen pro Zeile hat ja nun bereits abgenommen.

Übung schnelles Lesen 1

Ziel: Die bisherigen Techniken gezielt anwenden und mit einer Fixierung pro Zeile auskommen.

Vorgehen: Bitte lesen Sie den folgenden, über mehrere Seiten gehenden Text und machen nur eine Fixierung pro Zeile. Sie sollten die meisten Teile des

Beginn des Lesens: .... Uhr

Die allgemeine Zufriedenheit des Mitarbeiters

Bei jedem Mitarbeiter ergeben sich mit den Jahren der Betriebszugehörigkeit Veränderungen sowohl in seiner persönlichen Interessenlage, wie auch seinen Fähigkeiten. Manche Mitarbeiter absolvieren eine eigene Weiterbildung, ohne dass der Vorgesetzte diese Tatsache sofort erfährt. Es gibt auch Mitarbeiter, die innerlich gekündigt haben oder die

ausgebrannt („Burnout") sind. In jedem Arbeitsgebiet entstehen mit der Zeit Veränderungen (z. B. in der Bedienung der Arbeitsmittel oder dem Reagieren auf Kundenwünsche), die zwar bemerkt werden, aber auf die nicht sofort reagiert wird. Über diese Veränderungen sollte zwischen Vorgesetztem und Mitarbeiter gesprochen werden. Daher sind sowohl die Veränderungen, wie auch die allgemeine Zufriedenheit des Mitarbeiters mit seinem jetzigen Aufgabenbereich hier Gesprächsgegenstand.
Dieser Bereich sollte auch die Gelegenheit geben, mit dem Mitarbeiter nicht nur die allgemeine Zufriedenheit in jetziger Abteilung und mit jetzigem Aufgabenbereich, sondern auch das allgemeine Klima in Betrieb und Abteilung zu erörtern. Besonders die Verbesserung des allgemeinen Klimas, aber auch die zwischen bestimmten Mitarbeitern gehört dazu.

Problemstellungen bei der Arbeit, Projekten und Sonderaufgaben
Nachdem die allgemeine Zufriedenheit besprochen wurde, sollten jetzt einzelne Probleme bei der Arbeit, spezielle Projekte und Fortschritt bei Sonderaufgaben im Vordergrund des Gespräches stehen. Vorgesetzter und Mitarbeiter nutzen die Gelegenheit, neben den täglichen Problemstellungen auch übergreifende Gesichtspunkte und das weitere Vorgehen z. B. innerhalb des kommenden Jahres zu erörtern. Ausgezeichnet läuft das Gespräch dann, wenn Gedanken über das

mittelfristige Vorgehen und eine mittelfristige Planung stattfindet.
Aufgrund der bisher erörterten Themenbereiche sollten Vereinbarungen getroffen werden, wie die angesprochenen kritischen Bereiche einer Lösung zugeführt werden können. Jedes bisher angesprochene Thema sollte eine Vereinbarung erhalten, wie diesbezüglich künftig vorgegangen wird. Ist das der Fall, können auch Ziele erfasst und ein Übergang zu Zielvereinbarungen gefunden werden. Wenn Ziele vereinbart werden, können auch Kompetenzen der Mitarbeiter besprochen und gegebenenfalls verändert werden.
Die Erörterung der Problemstellungen kann verbunden werden mit dem folgenden Gesprächsthema: Kritik und Vorschläge

Kritik und Verbesserungsvorschläge

Grundsätzlich sollte in diesem Gespräch keine Kritik ausgesprochen werden, die nicht in Vorschläge zur Verbesserung münden. Selbst dann, wenn die Kritik des Mitarbeiters nicht 100 %ig annehmbar oder verwertbar sein sollte, sollen die Gedanken und der Impuls des Mitarbeiters positiv gesehen werden. Selbst aus manch einer mangelhaft vorgebrachten Kritik kann der Vorgesetzte wichtige Impulse ziehen, die zu Veränderungen führen.

Verbesserungsvorschläge in Japan zeigen den richtigen Weg auf. Dort macht Statistiken zufolge jeder Mitarbeiter 62 Verbesserungsvorschläge pro Jahr, während in Europa und USA nur 0,4 auf jeden Mitarbeiter und pro Jahr kommen. Das Potential der Mitarbeiter soll ge-nutzt und ihre guten Gedanken verwendet werden – ihn zum Wohle des Unternehmens einbinden, ist das Ziel. In dieser Gesprächsphase sollen die kritischen Punkte und deren Verbesserungen besprochen und „ein Knopf dran gemacht" werden.

Besprechung spezieller Punkte

Während bisher die Arbeit und Veränderungen bei der Arbeit im Vordergrund des Gespräches standen, stehen jetzt die persönlichen Leistungen und das Verhalten des Mitarbeiters (zu Kunden, Kollegen, Vorgesetzten) im Vordergrund.
Jetzt sollten auch die Fachkenntnisse des Mitarbeiters erörtert werden. Sind sie noch auf aktuellem Stand? Sind technische Veränderungen und neue Erkenntnisse (gegebenenfalls die erhöhten Kompetenzen des Mitarbeiters) auch in sein Verhalten eingeflossen? Hat er sich in der letzten Zeit ausreichend weitergebildet? Sie sollten sich die Frage stellen: „Welche Maßnahmen müssen erfolgen, dass das Wissen und das Verhalten des Mitarbeiters wieder aktuell ist oder aktuell bleibt?"

Oft erfahren die Vorgesetzten nicht, dass sich Mitarbeiter eigeninitiativ weiterbilden. Daher gehört die Frage, ob er sich von sich aus und evtl. außerhalb des Betriebes weitergebildet hat. Wenn ja, so ist das in jedem Fall positiv zu werten. Möglicherweise sollte dann entweder erneut der Bereich Zufriedenheit mit der Tätigkeit thematisiert werden oder im Punkt: Wünsche des Mitarbeiters/der Mitarbeiterin diese aufgenommen werden.
Nach den Fachkenntnissen sollten die Themen besprochen werden, die für die Ausübung der Tätigkeit wichtig sind. Das können beispielsweise sein: Einsatzbereitschaft, Belastbarkeit, Initiative, Selbständigkeit, Urteilsvermögen, Auftreten, Ausdrucksvermögen, Verhältnis zu Kollegen, Kunden, Vorgesetzten, Mitarbeitern, Azubis. Auch hier ist es hilfreich, wenn sich der Vorgesetzte vor dem Gespräch kurz Gedanken über die Stärken und Schwächen des Mitarbeiters macht.[19]

19 Blandino, Martin (2015): Zielwirksam beurteilen und fördern: Von der Beurteilung zur Zielvereinbarung (3. neu bearbeitete Auflage), S. 89 f., Renningen: expert verlag, Abdruck mit freundlicher Genehmigung des expert verlag, Renningen.

Bitte notieren Sie hier die von Ihnen gemessene Lesezeit:

Lesezeit: .... Minuten, ... Sek.

Rechnen Sie diese Zeit nun bitte in Sekunden um. (Beispiel: 2 Minuten und 34 Sekunden sind insgesamt 154 Sekunden.)

Ihre Zeit in Sekunden: .... Sekunden

Dieser Text hat 652 Wörter. Bitte rechnen Sie jetzt Ihre durchschnittliche Lesegeschwindigkeit aus. Dazu diese Formel als Hilfe:

$$Lesegeschwindigkeit = \frac{652\ Wörter\ x\ 60}{Ihre\ Lesezeit\ in\ Sek.} = \ldots\ldots\ldots\ldots\ldots\ldots\ Wörter\ pro\ Min.$$

Oder, vereinfacht:

$$39\,120 \div Ihre\ Lesezeit\ in\ Sekunden\ = \ldots\ldots\ldots\ldots\ldots\ldots\ Wörter\ pro\ \ Minute$$

Mit diesem Maß können Sie Ihre Lesegeschwindigkeit messen, unabhängig von der Länge des Textes. Allerdings ist Ihre Lesegeschwindigkeit von mehreren weiteren Faktoren abhängig (beispielsweise vom Schwierigkeitsgrad des Textes oder vom Interesse, das Sie dem Text entgegenbringen). Wenn Sie dieser Text also nicht so sehr interessiert haben sollte, folgt gleich ein Text, der Sie vielleicht mehr interessiert. Bitte üben Sie weiter.

Übung schnelles Lesen 2

Ziel: Die bisherigen Techniken wieder gezielt anwenden und mit einer Fixierung pro Zeile auskommen.

Vorgehen: Bitte lesen Sie auch diesen längeren Text mit nur einer Fixierung pro Zeile. Sie sollten die meisten Teile des Textes verstehen, auch auf die Gefahr hin, dass Sie nicht alle Fakten behalten sollten. Bitte messen Sie wieder die Zeit.

Beginn des Lesens: .... Uhr

Lateinamerika

Der Begriff „Lateinamerika“, ein Überbegriff für alle Länder Mittel- und Südamerikas, umfasst eine Vielzahl von Ländern, denen trotz großer individueller Unterschiede eine lateinische Sprache (also Spanisch, Portugiesisch, in kleinen Teilen auch Französisch) und eine „lateinisch“ geprägte Kultur und Lebensart gemeinsam ist. Es wäre sinnlos, in wenigen Zeilen eine verallgemeinernde Beschreibung dieser lateinamerikanischen Lebensart zu versuchen, deshalb will ich mich darauf beschränken, hier einige zusammen-fassende Tipps für Reisen privater und vor allem geschäftlicher Art zu geben.
Vor längeren Aufenthalten sollten wir uns genau nach den Lebensbedingungen im betreffenden Land erkundigen, und zwar bei den Botschaften oder Konsulaten der entsprechenden Länder, beim Institut für Auslandsbeziehungen, beim Bundesverwaltungsamt, beim Ibero-Amerika-Verein und bei den einzelnen Ländervereinen, deren Adressen bei den entsprechenden Ländern aufgeführt sind. Worüber sollten wir uns ins Bild setzen?

1. Preise, Mieten, Lebenshaltungskosten usw.
2. Rechtliche Besonderheiten (Einreisebestimmungen, Arbeitsrecht, Steuerrecht)
3. Klima, Ernährung, ärztliche Betreuung
4. Schulverhältnisse (deutsche Schulen am Platze, Aus- und Fortbildungsmöglichkeiten auf Fachschulen, Universitäten)
5. Persönliche Sicherheit im Haus und auf der Straße
6. Möglichkeiten und Kosten der Freizeitgestaltung
7. Mitgliedschaft in Clubs und anderen Gemeinschaften
8. Landesübliche Trink- und Eßgewohnheiten
9. Aufmerksamkeiten und Geschenke.

Dabei sollten wir davon ausgehen, dass von Land zu Land die Fragen verschieden beantwortet werden. Vermeiden wir in jedem Falle den Hauptfehler aller Lateinamerika-Besucher, die der Auffassung sind, dass alle Länder Lateinamerikas sich sehr ähneln. Jedes Land hat ein eigenes Selbstverständnis, eine eigene Form des Verhaltens und der Begegnung mit dem Besucher. Starke Unterschiede bestehen auch zwischen Hauptstädten und industriell entwickelten Regionen einerseits und den weiten

Regionen einerseits und den weiten ländlichen Gebieten andererseits. Im Übrigen ändern sich in Lateinamerika insbesondere die finanziellen Gegebenheiten (Ölpreis-Entwicklung) dauernd, und wir sollten uns deshalb immer um aktuellste Informationen bemühen.[20]

Bitte notieren Sie hier die von Ihnen gemessene Lesezeit:

Lesezeit: .... Minuten, ... Sek.

Rechnen Sie diese Zeit nun bitte in Sekunden um. (Beispiel: 1 Minute und 34 Sekunden sind insgesamt 94 Sekunden.)

Ihre Zeit in Sekunden: .... Sekunden

Dieser Text hat 276 Wörter. Bitte rechnen Sie jetzt Ihre durchschnittliche Lesegeschwindigkeit aus. Dazu diese Formel als Hilfe:

$$Lesegeschwindigkeit = \frac{276\ Wörter\ x\ 60}{Ihre\ Lesezeit\ in\ Sek.} = \ldots\ldots\ldots\ldots\ldots\ldots \quad Wörter\ pro\ Min.$$

Oder, vereinfacht:

$$16\,560 \div Ihre\ Lesezeit\ in\ Sekunden = \ldots\ldots\ldots\ldots\ldots\ldots\ Wörter\ pro\ \ Minute$$

20 H. Commer: Knigge International, ECON Taschenbuch-Verlag, Düsseldorf, Seiten 154, 155. Abdruck mit freundlicher Genehmigung des ECON-Verlag, Düsseldorf.

Übung schnelles Lesen 3

Ziel: Erneut die bisherigen Techniken gezielt anwenden und mit einer Fixierung pro Zeile auskommen.

Vorgehen: Bitte lesen Sie auch den folgenden Text, und versuchen wieder, nur *eine* Fixierung pro Zeile zu machen. Bitte messen Sie wieder die Zeit.

Beginn des Lesens: .... Uhr

China (Volksrepublik)

„Eine Bevölkerung, die ein Fünftel der Menschheit ausmacht – eine sehr lange Geschichte und eine sehr alte Zivilisation – einzigartige Landschaften – weltberühmte Kochkunst – vollkommenstes Kunsthandwerk – zahlreiche Nationalitäten – einzigartige Lebensweisen“, so beschreibt die offizielle chinesische Fremdenverkehrsbehörde das chinesische Riesenreich, das nach unseren Begriffen nicht ein Land, sondern fast ein Kontinent ist. Daraus vermag man leicht zu erkennen, worauf die Chinesen, das älteste Kulturvolk dieser Welt, mit Recht stolz sind. Hinzu kommt noch: China betrachtet sich als das „Land der Mitte“. Für die Chinesen ist China der Nabel der Welt, während alle anderen Völker, so groß sie auch sein mögen, an der Peripherie liegen, also auch keine entscheidende Bedeutung haben können. Und mit Recht sind die Chinesen stolz auf die großen kulturellen Errungenschaften der Vergangenheit: die Erfindungen der Papierherstellung, der Buchdruckkunst und des Schießpulvers, um nur einige zu nennen.

Neben diesen eher „profanen“ Errungenschaften der Vergangenheit sind es zwei Religionsstifter, besser Ethiker, die für die Lebensart der Chinesen eine überragende Bedeutung haben: Konfuzius und Laotse. Beide sind trotz der äußerlich atheistischen Grundauffassung der heutigen chinesischen Führungsschicht wieder von außergewöhnlicher Wirkkraft. Insbesondere Konfuzius ist maßgebend für die familienbezogene, gemeinschaftsorientierte, ausgleichende, die Harmonie liebende und Geduld predigende chinesische Lebensart. Und wer die modernen Gebäude und Plätze aus der schon etwas in Vergangenheit geratenen Mao-Zeit betrachtet, der wird unwillkürlich davon überzeugt: Auch Chinas Moderne ist von den traditionellen Zügen der Großzügigkeit, der Überschaubarkeit, der Sehnsucht nach Harmonie bestimmt.
Im Umgang mit Chinesen ist Ruhe und Geduld oberstes Gebot. Nie mit der Türe ins Haus fallen! Man sollte sich auch darüber im Klaren sein, dass jede Lautstärke in Verhandlungen und Ge-sprächen mit Chinesen unangebracht ist. Chinesen verwenden im Umgang mit Ausländern häufig das Wort „Freund“. Das hat natürlich ebenso angenehme wie unangenehme Folgen. Von einem „Freund“ wird von Chinesen mehr und Vorteilhafteres erwartet, größere Rücksichtnahme, mehr Entgegenkommen (auch bei den Preisen!).[21]

21 H. Commer: Knigge International, ECON Taschenbuch-Verlag, Düsseldorf, Seiten 60, 61. Abdruck mit freundlicher Genehmigung des ECON-Verlages, Düsseldorf.

Bitte notieren Sie hier die von Ihnen gemessene Lesezeit:

Lesezeit: .... Minuten, ... Sek.

Rechnen Sie diese Zeit nun bitte in Sekunden um. (Beispiel: 1 Minute und 34 Sekunden sind insgesamt 94 Sekunden.)

Ihre Zeit in Sekunden: .... Sekunden

Dieser Text hat 308 Wörter. Bitte rechnen Sie jetzt Ihre durchschnittliche Lesegeschwindigkeit aus. Dazu diese Formel als Hilfe:

$$Lesegeschwindigkeit = \frac{308\ Wörter\ x\ 60}{Ihre\ Lesezeit\ in\ Sek.} = \ldots\ldots\ldots\ldots\ldots\ldots \quad Wörter\ pro\ Min.$$

Oder, vereinfacht:

$$18\,480 \div Ihre\ Lesezeit\ in\ Sekunden\ = \ldots\ldots\ldots\ldots\ldots\ldots\ Wörter\ pro\ \ Minute$$

Nachdem Sie nun Ihre Lesefähigkeiten bezüglich der Schnelligkeit trainiert haben, kommt es bei den weiteren Übungen wieder mehr auf das Textverständnis an.

Lesegeschwindigkeit und Textverständnis verbessern

Was nützt die schnellste Lesegeschwindigkeit, wenn das Textverständnis gering ist? Beim überfliegenden Lesen und ähnlichen Lesetechniken ist genau dies gewollt. Man möchte ja **statt Ballast** nur einen Teil der Informationen aufnehmen, einen Überblick erhalten, **die Quintessenz wahrnehmen** oder lesenswerte Informationen und Textstellen schnell finden. Bei manch anderen Texten muss das Textverständnis höher sein. Ziel ist letztendlich immer, die **Lesegeschwindigkeit den Ansprüchen an den Text anzupassen**.

Bitte gehen Sie also bei den kommenden Übungen genauso wie bei den eben absolvierten Übungen vor, aber achten Sie zusätzlich darauf, dass Sie die an den Text anschließenden Fragen zum Text mit beantworten.

Ach – und noch etwas: Bitte lesen Sie jetzt nicht zu schnell, jedoch schnell genug, damit Ihre Aufmerksamkeit beim Text bleibt. Aufgrund der einen Fixierung pro Zeile sind Sie schon erheblich schneller als früher.

Übung schnelles, verstehendes Lesen 1

Ziel: Die schnelle Lesegeschwindigkeit und gleichzeitig das Textverständnis verbessern. Anwenden der bisherigen Techniken.

Vorgehen: Bitte lesen Sie den folgenden Text nach dem bekannten Muster. Sie sollten den Text vollständig verstehen. Ihnen werden nach dem Lesen Fragen zum Text gestellt. Bitte messen Sie auch bei dieser Übung die Zeit.

Beginn des Lesens: .... Uhr

Kolumbien

Das kolumbianische Selbstverständnis und Nationalgefühl ist ausgesprochen stark entwickelt. Dafür gibt es zahlreiche Gründe: Kolumbien ist ein Land von hoher kultureller Ausstrahlung, ein Staat mit demokratischer Vergangenheit und von großer Bedeutung für die Unabhängigkeit von Venezuela, Ecuador und Peru. Auch wirtschaftlich ist die Bedeutung Kolumbiens beträchtlich nicht nur als Produzent von Kaffee, Erdöl und Wasserkraft.

Deutsche Geschäftsleute sollten in ihren Gesprächen auf die alten Verbindungen zwischen Kolumbien und der Bundesrepublik Deutschland, insbesondere Hamburg, hinweisen. Bereits im Jahre 1816 ist in einem Dekret des Senats von Hamburg die Rede davon, dass die Rekrutierung deutscher Soldaten für die Unabhängigkeit Kolumbiens gestattet ist.

In Kolumbien, wie in den meisten südamerikanischen Ländern, hat deutsche Zuverlässigkeit ebenso wie deutscher Kundendienst nach wie vor einen guten Ruf, eine Garantie für den Wartungs- und Ersatzteildienst wird besonders geschätzt. Weitere Stichworte bei Gesprächen sind: Technologietransfer, Besuch von Seminaren für die Ausbildung des Managements, Teilnahme an Präsentationen, Messen und Ausstellungen im Lande, Einladungen von kolumbianischen Geschäftsleuten in die Bundesrepublik.[22]

---

22 H. Commer: Knigge International, ECON Taschenbuch-Verlag, Düsseldorf, Seite 146. Abdruck mit freundlicher Genehmigung des ECON-Verlag, Düsseldorf.

Bitte schauen Sie wieder auf Ihre Uhr, und notieren Sie sich hier jetzt nur die Zeit:

Gemessene Zeit: ....Minuten, ...Sek.

Schauen Sie bitte den soeben gelesenen Text nicht mehr an. Nun kommen die Fragen zum Textverständnis. Bitte beantworten Sie diese jetzt und relativ spontan.

Frage 1:
Aus welchen drei Gründen ist das kolumbianische Nationalgefühl ausgesprochen stark entwickelt?

....

....

....

Frage 2:
Worauf sollten deutsche Geschäftsleute in ihren Gesprächen hinweisen?

....

Frage 3:
Was hat in Kolumbien einen guten Ruf?

....

Vielen Dank! Kontrollieren Sie sich nun bitte selbst. Die richtigen Antworten finden Sie wieder im Text.

Bitte notieren Sie hier die von Ihnen gemessene Lesezeit:

Lesezeit: .... Minuten, ... Sek.

Rechnen Sie diese Zeit nun bitte in Sekunden um. (Beispiel: 1 Minute und 34 Sekunden sind insgesamt 94 Sekunden.)

Ihre Zeit in Sekunden: ....

Dieser Text hat 160 Wörter. Bitte rechnen Sie jetzt Ihre durchschnittliche Lesegeschwindigkeit aus. Dazu diese Formel als Hilfe:

$$Lesegeschwindigkeit = \frac{160\ Wörter\ x\ 60}{Ihre\ Lesezeit\ in\ Sek.} = \ldots\ldots\ldots\ldots\ldots\ldots\ Wörter\ pro\ Min.$$

Oder, vereinfacht:

$$9\,600 \div Ihre\ Lesezeit\ in\ Sekunden\ = \ldots\ldots\ldots\ldots\ldots\ldots\ Wörter\ pro\ \ Minute$$

Wenn Sie sich selbst bewerten wollen und wissen möchten, wie Sie mit Ihrer Lesegeschwindigkeit im Vergleich zu anderen Personen einzuschätzen sind, so finden Sie eine Tabelle im Kapitel „Die Bewertung der Lesegeschwindigkeit".

Übung schnelles, verstehendes Lesen 2

Ziel: Die schnelle Lesegeschwindigkeit und das Textverständnis gleichzeitig verbessern. Anwenden der bisherigen Techniken.

Vorgehen: Wie vorige Übung.

Beginn des Lesens: .... Uhr

Indonesien

„Dezent" – das ist das Schlüsselwort, das in den 13 700 großen, kleinen und winzigen Inseln des 5 000 km langen indonesischen Archipels mit seinen 300 abgrenzbaren ethnischen Gruppen gilt. Dezent: Das bedeutet, dass man mehr als in den meisten übrigen asiatischen Ländern große Zurückhaltung üben sollte, schlampiges Auftreten, ironische Worte und jede missverständliche Kritik vermeiden und es vor allem unterlassen muss, laut zu sein, gar zu schimpfen. Denn dann ist man „von den guten Geistern verlassen“ und wird nicht als normal angesehen. Insgesamt gelten in allen indonesischen Regionen folgende Grundregeln oder Gebote:

1. Die Sitten und Gebräuche sind in Indonesien je nach Landesteil und ethnischer Gruppe verschieden. Wir sollten uns deshalb umso intensiver um deren Kenntnis und Verständnis bemühen.
2. Man sollte sich den gesellschaftlichen Formen Indonesiens anpassen durch informelle, freundliche und gastfreundliche Umgangsformen.
3. Nicht schwer wird es uns fallen, die wirklich überragenden Kunstschätze in Java (z. B. Borobodur) und Bali zu bewundern.
4. Golf hat einen besonders hohen Wert als Statussymbol.
5. Für Geschenke gibt es keine festen Regeln. Wir sollten uns um eine sorgfältige Auswahl bemühen und besonderen Wert auf Geschenke legen, die für unser Land typisch sind.

Verbot:
Entwicklungshilfe ist als Gesprächsthema tabu.[23]

Bitte schauen Sie wieder auf Ihre Uhr, und notieren Sie sich hier die Zeit:

Gemessene Zeit: ....Minuten, ...Sek.

---

23 H. Commer: Knigge International, ECON Taschenbuch-Verlag, Düsseldorf, Seiten 107, 108. Abdruck mit freundlicher Genehmigung des ECON-Verlag, Düsseldorf.

Schauen Sie jetzt bitte den soeben gelesenen Text nicht mehr an. Nun kommen die Fragen zum Textverständnis. Bitte beantworten Sie diese jetzt und relativ spontan.

Frage 1:
Wie viele Inseln hat das indonesische Archipel und wie lang ist es ungefähr?

....

Frage 2:
Wie lauten die Grundregeln (Gebote) des Verhaltens in allen indonesischen Regionen? Fallen Ihnen alle fünf noch ein?

....
....
....
....
....
....

Frage 3:
Welches Gesprächsthema sollten Sie vermeiden?

....

Vielen Dank! Kontrollieren Sie sich nun bitte wieder selbst. Die richtigen Antworten finden Sie im Text.

Bitte notieren Sie hier die von Ihnen gemessene Lesezeit:

Lesezeit: .... Minuten, ... Sek.

Rechnen Sie diese Zeit nun bitte in Sekunden um. (Beispiel: 1 Minute und 34 Sekunden sind insgesamt 94 Sekunden.)

Ihre Zeit in Sekunden: .... Sekunden

Dieser Text hat 196 Wörter. Bitte rechnen Sie jetzt Ihre durchschnittliche Lesegeschwindigkeit aus. Als Hilfe dient dazu diese Formel:

$$Lesegeschwindigkeit = \frac{196\ Wörter\ x\ 60}{Ihre\ Lesezeit\ in\ Sek.} = \ldots\ldots\ldots\ldots\ldots\ldots \quad Wörter\ pro\ Min.$$

Oder, vereinfacht:

$$11\,760 \div Ihre\ Lesezeit\ in\ Sekunden\ = \ldots\ldots\ldots\ldots\ldots\ldots\ Wörter\ pro\ \ Minute$$

Bei den folgenden Übungen werden die Spalten breiter. **Versuchen Sie bitte, so lange wie möglich mit nur einer Fixierung pro Zeile auszukommen.** Erst wenn Sie sich unwohl fühlen oder das Textverständnis nachlässt oder Sie merken, dass Sie unbewusst mehr Fixierungen machen, gehen Sie bitte zu zwei oder drei Fixierungen über.

Denken Sie daran: Machen Sie so wenig Fixierungen wie möglich, jedoch so viele wie notwendig.

Übung schnelles, verstehendes Lesen 3

Ziel: Die schnelle Lesegeschwindigkeit und das Textverständnis gleichzeitig verbessern. Anwenden der bisherigen Techniken.

Vorgehen: Wie vorige Übung. Falls notwendig machen Sie bitte mehr als eine Fixierung pro Zeile. Bitte messen Sie auch hier wieder die Zeit.

Beginn des Lesens: .... Uhr

Hilfe für alkoholgefährdete Kinder und Jugendliche

Im Rahmen ihrer aktiven Suchtprävention sprechen die Projekte unseres Vereins junge Menschen an, die drogen- und alkoholfreie Austausch- und Ausdrucksmöglichkeiten auf vielen Ebenen – vorwiegend im aktiv-kreativen

Freizeitbereich – als bewusste Alternative zum Alltag mit Drogen erleben wollen. Das Abstinenzgebot in den Projekten ist dabei nicht das Ziel, sondern das Mittel zur Auseinandersetzung.
Wir machen in unseren Projekten auch keine Unterscheidung zwischen legalen oder illegalen Suchtstoffen, sondern wir sind mit Synanon Berlin der Überzeugung: „Sucht ist unteilbar“ (Ingo Warnke). Und – wir reden nicht nur über oder von Prävention oder möglichen Präventionsmaßnahmen für andere, sondern wir machen sie praktisch mit den sogenannten „Betroffenen“ Tag für Tag. Wir möchten, dass „Erstarrtes“ in Bewegung gerät – wir möchten, dass „1000 Steine rollen“.[24]

Bitte schauen Sie wieder auf Ihre Uhr und notieren Sie sich hier nur die Zeit:

Gemessene Zeit: ....Minuten, ...Sek.

Schauen Sie jetzt bitte den soeben gelesenen Text nicht mehr an. Nun kommen die Fragen zum Textverständnis. Bitte beantworten Sie diese jetzt relativ spontan.

Frage 1:
Wen sprechen die Projekte des Vereins an?

....

Frage 2:
Ist das Abstinenzangebot Ziel oder Mittel?

....

24 NN: Wir über uns: Hilfe für alkoholgefährdete Kinder und Jugendliche e. V., in BM für Frauen und Jugend (HRSG.): KABI, Nr. 3, Projekt 3.5 (Ohne Seitenangabe).

Frage 3:
Was möchte der Verein?

....

Vielen Dank! Kontrollieren Sie sich nun bitte wieder selbst. Die richtigen Antworten finden Sie wieder im Text.

Bitte notieren Sie die von Ihnen gemessene Lesezeit:

Lesezeit: .... Minuten, ... Sek.

Rechnen Sie diese Zeit nun bitte in Sekunden um. (Beispiel: 1 Minute und 34 Sekunden sind insgesamt 94 Sekunden.)

Ihre Zeit in Sekunden: .... Sekunden

Dieser Text hat 121 Wörter. Bitte rechnen Sie jetzt Ihre durchschnittliche Lesegeschwindigkeit aus. Dazu diese Formel als Hilfe:

$$Lesegeschwindigkeit = \frac{121\ Wörter\ x\ 60}{Ihre\ Lesezeit\ in\ Sek.} = \ldots\ldots\ldots\ldots\ldots\ldots\ Wörter\ pro\ Min.$$

Oder, vereinfacht:

$$7\,260 \div Ihre\ Lesezeit\ in\ Sekunden\ = \ldots\ldots\ldots\ldots\ldots\ldots\ Wörter\ pro\ \ Minute$$

Auch bei den folgenden Übungen werden die Texte immer breitere Spalten haben. Das bedeutet, dass Sie eventuell mehr als zwei Fixierungen pro Zeile benötigen werden. Sollte es Ihnen schwerfallen, bei diesen sukzessiv breiter werdenden Texten die Fixierungen zu setzen, lesen Sie bitte erst das Kapitel zum Lesen von breiteren Spalten und machen die Übungen dazu mit. Siehe Kapitel „Rationelles Lesen von besonderen Texten“.

Übung schnelles, verstehendes Lesen 4

Ziel: Die schnelle Lesegeschwindigkeit und das Textverständnis gleichzeitig verbessern. Anwenden der bisherigen Techniken.

Vorgehen: Wie vorige Übung. Der Zeilenabstand im Text ist jetzt enger und die Zeilen sind länger. Hier werden Sie vermutlich nicht mehr mit nur einer Fixierung auskommen. Machen Sie ruhig zwei oder sogar drei Fixierungen pro Zeile. In keinem Fall sollten Sie jetzt jedoch Wort für Wort lesen.

Es werden nach dem Lesen Fragen zu Textinhalten gestellt. Bitte messen Sie auch bei dieser Übung die Zeit.

Beginn des Lesens: .... Uhr

Skandinavien

So unterschiedlich die skandinavischen Umgangsformen im Einzelnen auch sein mögen, so sicher ist: Es gibt bestimmte skandinavische Gemeinsamkeiten, die sich auch in ähnlichen Verhaltensweisen, Sitten und Gebräuchen auswirken.

1. Späte Christianisierung: Die skandinavischen Völker gehören zu denjenigen, die in Europa am spätesten christianisiert wurden. Sie sind auch bis heute die am wenigsten christlich geprägten Völker geblieben. Das hat zwei wesentliche Folgen: die relativ geringe Bedeutung christlicher Feiertage in Skandinavien und die im Vergleich zu südeuropäischen Völkern viel ungezwungenere, freiere Beziehung zum Sexuellen. Das heißt nicht, dass nicht in Skandinavien auf anderen Gebieten rigide Regeln bestehen, beispielsweise gegen Alkoholmissbrauch.

2. Gemeinschaftsbezogenheit: Alle skandinavischen Völker sind mehr gemeinschafts- als individualbezogen. Dies ist eine der entscheidenden Wurzeln für den in Skandinavien weithin realisierten kollektiven Wohlfahrtsstaat.

3. Emanzipation der Frau: Früher als in allen anderen europäischen Ländern ist in Skandinavien die Befreiung und die Gleichberechtigung der Frau erreicht worden, nicht zuletzt deshalb, weil sich auch wichtige Personen des kulturellen Lebens wie Ibsen, Strindberg, Ingmar Bergman dafür eingesetzt haben.
4. Nationalgefühl: Das Nationalgefühl der skandinavischen Völker ist vielleicht gerade deshalb, weil es sich um kleine Länder handelt, wesentlich stärker ausgeprägt als bei großen Nationen. Trotzdem besteht dort kein nationaler Chauvinismus, sondern eher sympathischer Stolz auf die Heimat nach dem Motto: „Unser Land ist das Land, das wir am meisten lieben“
5. Weltbürgerliche und karitative Veranlagung: In einer Art Ausgleich zu dem stark ausgeprägten Nationalgefühl, vielleicht auch als Folge der jahrhundertlangen friedlichen Vergangenheit gibt es in den skandinavischen Ländern eine starke weltbürgerliche Komponente, die beispielsweise in der Institution des Nobelpreises und in einer bemerkenswerten Affinität zu weltumfassenden Organisationen wie den Vereinten Nationen zum Ausdruck kommt. Dazu kommt auch eine sehr karitative Ader. Hilfe für die dritte Welt wird dort sehr viel weitgehender geleistet als bei uns. Und wir sollten nicht vergessen: Nach dem Zweiten Weltkrieg waren es insbesondere die Skandinavier, die uns mit dem Notwendigsten zum Überleben versorgten.
6. Pünktlichkeit: Einer der wichtigsten Punkte skandinavischen Umgangs ist perfekte Pünktlichkeit. (Mir ist noch in guter Erinnerung die Tatsache, dass ein schwedischer Botschafter in der Bundesrepublik pünktlich mit dem festlichen Essen beginnen ließ, obwohl sehr hohe Gäste noch nicht erschienen waren.) In Skandinavien heißt es zu Recht: „Pünktlichkeit ist die Höflichkeit der Könige“.

7. Gesellschaftliches: Bei gesellschaftlichen Veranstaltungen ist es in Skandinavien Sitte, dass der Hausherr die Gäste herzlich willkommen heißt und einen Toast auf seine Gäste ausspricht. Nach dem eingenommenen Mahl ist es Ausdruck skandinavischer Gastfreundschaft, wenn der ranghöchste Gast, der links von der Hausfrau sitzt, seinen Dank zum Ausdruck bringt.[25]

Gemessene Zeit: .... Minuten, ... Sek.

Schauen Sie jetzt bitte den soeben gelesenen Text nicht mehr an. Nun kommen die Fragen zum Text. Bitte beantworten Sie diese jetzt relativ spontan.

Frage 1:
Woran hat der Verfasser erkannt, dass die skandinavischen Völker, die am wenigsten christlich ausgeprägten Völker geblieben sind?

....

....

Frage 2:
Welches ist der im Text angeführte Grund für die Wurzeln des kollektiven Wohlfahrtsstaates?

....

Frage 3:
Welche wichtigen Personen des kulturellen Lebens haben sich für die Emanzipation der Frau eingesetzt?

....

---

25 H. Commer: Knigge International, ECON Taschenbuch-Verlag, Düsseldorf, Seiten 231-233. Abdruck mit freundlicher Genehmigung des ECON-Verlag, Düsseldorf.

Frage 4:
Woran hat der Verfasser erkannt, dass das Nationalgefühl der skandinavischen Völker wesentlich stärker ausgeprägt ist?

....

Frage 5:
Welches Motto bezeichnet der Verfasser als Kennzeichen für einen sympathischen Stolz auf die Heimat?

....

Frage 6:
Worin kommt nach Meinung des Verfassers die weltbürgerliche und karitative Veranlagung der Skandinavier zum Ausdruck?

....

Frage 7:
Welches Beispiel führt der Autor für die „perfekte Pünktlichkeit“ der Skandinavier an?

....
....
....

Frage 8:
Was hat nach üblicher skandinavischer Sitte bei gesellschaftlichen Veranstaltungen der Hausherr für Aufgaben und was tut der Gast, der rechts neben der Hausfrau sitzt?

....
....

Vielen Dank! Kontrollieren Sie sich nun bitte wieder selbst. Die richtigen Antworten finden Sie wieder im Text.

Bitte notieren Sie hier die von Ihnen gemessene Lesezeit:

Lesezeit: .... Minuten, ... Sek.

Rechnen Sie diese Zeit nun bitte in Sekunden um. (Beispiel: 1 Minute und 34 Sekunden sind insgesamt 94 Sekunden.)

Ihre Zeit in Sekunden: .... Sekunden

Dieser Text hat 414 Wörter. Bitte rechnen Sie jetzt Ihre durchschnittliche Lesegeschwindigkeit aus. Dazu diese Formel als Hilfe:

$$Lesegeschwindigkeit = \frac{414\ Wörter\ x\ 60}{Ihre\ Lesezeit\ in\ Sek.} = \ldots\ldots\ldots\ldots\ldots\ldots \quad Wörter\ pro\ Min.$$

Oder, vereinfacht:

$$24\,840 \div Ihre\ Lesezeit\ in\ Sekunden\ = \ldots\ldots\ldots\ldots\ldots\ldots\ Wörter\ pro\ \ Minute$$

Übung schnelles, verstehendes Lesen 5

Ziel: Die schnelle Lesegeschwindigkeit und das Textverständnis gleichzeitig verbessern. Anwenden der bisherigen Techniken.

Vorgehen: Bitte lesen Sie den folgenden Text nach dem bekannten Muster, gegebenenfalls mit mehr als einer Fixierung. Sie sollten den vollständigen Text verstehen. Es werden nach dem Lesen Fragen zum Text gestellt. Bitte messen Sie wieder die Zeit.

Beginn des Lesens: .... Uhr

Ein Freiwilliges Soziales Jahr lang auf einem Bauernhof für elf Behinderte

„Ich wollte einfach sehen, ob ich so etwas ein Leben lang als Arbeit machen kann“, sagt Elke Witt, wenn sie gefragt wird, warum sie ein ganzes Jahr mit elf Behinderten auf einem Bauernhof zubringt. Sie leistet im „Stammhaus Leben, Wohnen Arbeiten“ in Köln ihr Freiwilliges Soziales Jahr ab. Die. Arbeit mit Behinderten ist für die junge Essenerin nichts Neues. Sie hat sich schon während ihrer Schulzeit für soziale Belange interessiert und in ihrer Freizeit mit geistig Behinderten in einer Sportgruppe gearbeitet. Auf die Möglichkeit des Freiwilligen Sozialen Jahres wurde Elke von einer Freundin aufmerksam gemacht, die im Ausland bei der „Aktion Sühnezeichen“ gearbeitet hatte.
Das Abitur noch nicht in der Tasche, setzte sich Elke Witt hin und schrieb an verschiedene Einrichtungen, bei denen das Freiwillige Soziale Jahr abgeleistet werden kann. Das Angebot der „Internationalen Jugendgemeinschaftsdienste e.V.“ (IJGD) gefiel ihr am besten. Die nächsten Schritte waren schnell gemacht: Vorstellungsgespräch in der Bonner IJGD-Zentrale und Aussuchen einer möglichen Einsatzstelle. Nach zwei Tagen Hospitation war die Entscheidung für Elke gefallen. „Tja, so bin ich hergekommen“.

Das „Stammhaus“, vor den Toren der Domstadt Köln gelegen, geht auf eine Elterninitiative zurück. Eine Reihe Väter und Mütter wollte bei der Betreuung ihrer behinderten Kinder neue Wege gehen. Sie gründeten einen Verein und kauften Anfang der achtziger Jahre einen Bauernhof, in dem jetzt elf Behinderte leben und arbeiten. Es gibt eine Werkstatt, auf dem Feld vor dem Hof wird Gemüse angebaut, und eine Kleintierzucht gehört ebenfalls zu den Arbeitsbereichen des „Stammhauses“. Seit vielen Jahren bietet ein eigenes Café Gelegenheit zum Klönen mit Freunden und Bekannten. Wenn am Wochenende dort Lesungen oder kleine Konzerte organisiert werden, finden sich auch Nachbarn aus der Umgebung oder Bewohner von anderen Behindertenheimen ein.

Es war wie ein Sprung ins kalte Wasser

„Die ersten Tage waren trotz der schönen Atmosphäre ein Sprung ins kalte Wasser", erinnert sich Elke Witt. „Ich kam in die Küche und gehörte gleich dazu. Die anderen haben mir gezeigt, was zu tun ist, bis ich es alleine übernehmen konnte." Die Arbeit reicht vom Küchendienst bis zur Betreuung einzelner Behinderter, denen beim Waschen oder beim Zu-Bett-Gehen geholfen werden muss. Von langweiliger Routine kann nicht die Rede sein. „Der Grundablauf ist zwar gleich. Doch da hier ziemlich viele verschiedene Menschen leben, ganz unterschiedliche Charaktere, passiert eigentlich jeden Tag etwas anderes", erzählt Elke.

Nach den ersten drei Monaten waren die Kontakte zu den Stammhaus-Bewohnern geknüpft: „Wir leben ja zusammen, da kommt man sich automatisch näher. Ich habe mit den meisten hier ein gutes Verhältnis aufgebaut. Ich sehe ihren Tagesrhythmus und kenne ihren Freundeskreis. Dadurch werde ich wie die anderen Mitarbeiter zur Vertrauensperson, für einige auch zur Freundin." Bei manchen müsse man allerdings als Respektperson auftreten. „Sonst kommt man nicht weiter und kriegt sie beispielsweise nicht aus dem Bett." Elke Witt will sich auf die Menschen, mit denen sie arbeitet, einlassen: „Sonst vertrauen sie dir ihre Bedürfnisse nicht an. Und das ist die Voraussetzung für unsere Arbeit hier."[26]

---

26 NN: Ein Freiwilliges Soziales Jahr lang auf einem Bauernhof für elf Behinderte, in BM für Frauen und Jugend (HRSG.): KABI, Nr. 3, Projekt 3.5 (Ohne Seitenangabe).

Bitte schauen Sie wieder auf Ihre Uhr und notieren Sie Ihre Zeit hier:

Gemessene Zeit: ....Minuten, ...Sek.

Schauen Sie jetzt bitte den soeben gelesenen Text nicht mehr an.

Nun kommen die Fragen zum Textverständnis. Bitte beantworten Sie diese jetzt relativ spontan.

Frage 1:
Was sagt Elke Witt, warum Sie ein Freiwilliges Soziales Jahr macht?

....

Frage 2:
Warum ist die Arbeit mit Behinderten für sie nichts Neues?

....

Frage 3:
Von wem Wurde Elke Witt auf die Möglichkeit des Freiwilligen Sozialen Jahres aufmerksam gemacht, und wo hatte der- oder diejenige gearbeitet?

....

Frage 4:
Welches Angebot für das Freiwillige Soziale Jahr gefiel Elke Witt am besten?

....

Frage 5:
Worauf geht das „Stammhaus“ zurück, wer hat es gegründet und warum?

....

Frage 6:
Welche Aufgaben hatte Elke Witt nach den ersten Tagen?

....

Frage 7:
Was schätzt Elke Witt an der Arbeit und den Kontakten mit Behinderten?

....

Frage 8:
Warum muss sie bei manchen Behinderten als Respektsperson auftreten?

....

Vielen Dank! Kontrollieren Sie sich nun bitte wieder selbst. Die richtigen Antworten finden Sie im Text.

Bitte notieren Sie hier die von Ihnen gemessene Lesezeit:

Lesezeit: .... Minuten, ... Sek.

Rechnen Sie diese Zeit nun bitte in Sekunden um. (Beispiel: 1 Minute und 34 Sekunden sind insgesamt 94 Sekunden.)

Ihre Zeit in Sekunden: .... Sekunden

Dieser Text hat 496 Wörter. Bitte rechnen Sie jetzt Ihre durchschnittliche Lesegeschwindigkeit aus. Dazu diese Formel als Hilfe:

$$Lesegeschwindigkeit = \frac{496\ Wörter\ x\ 60}{Ihre\ Lesezeit\ in\ Sek.} = \ldots\ldots\ldots\ldots\ldots\ldots\ Wörter\ pro\ Min.$$

Oder, vereinfacht:

$$29\,760 \div Ihre\ Lesezeit\ in\ Sekunden = \ldots\ldots\ldots\ldots\ldots\ldots\ Wörter\ pro\ Minute$$

Herzlichen Glückwunsch!

Wenn Sie bis hierhergekommen sind und alle Übungen mitgemacht haben, dann haben Sie ein sehr gutes Pensum bearbeitet und Erfolge geerntet. Lassen Sie uns nun überlegen, wie Sie weitermachen können. Dies hängt auch davon ab, wie Sie diese letzten Übungen absolviert haben.

Wenn Sie mit Ihren Ergebnissen zufrieden sind, mit sehr wenig Fixierungen ausgekommen sind und die meisten Fragen zum Text beantworten konnten, dann können Sie die folgenden Zeilen überspringen und bis zum Kapitel „Die Bewertung der Lesegeschwindigkeit" weiterblättern.

Wenn Sie jedoch mit zunehmend breiter werdendem Text **noch Schwierigkeiten hatten**, werden Ihnen die Übungen des Kapitels „Rationelles Lesen von besonderen Texten" helfen.

Nachdem Sie die dort beschriebenen Übungen durchgeführt haben, sollten Sie die Übungen 3 bis 5 dieses Kapitels erneut absolvieren. Sie werden Ihnen dann leichter fallen.

Wenn Sie **Schwierigkeiten** mit dem Textverständnis hatten, kann das mehrere **Gründe** haben:

1. Sie wurden abgelenkt oder haben sich ablenken lassen. Dann prüfen Sie bitte den Grund für Ihre **Ablenkung**. Wenn Sie sich oft – auch bei Ihrer täglichen Arbeit – ablenken lassen, arbeiten Sie bitte das Kapitel zur besseren Konzentrationsfähigkeit durch.
2. Sie haben **zu viele Fixierungen pro Zeile** gemacht und auf diese Weise noch Wort für Wort gelesen? Dann arbeiten Sie bitte die Übungen zu den Fixierungen und zur gezielten Erweiterung der Blickspanne erneut durch (Fixierungs-Übungen ab Kapitel „Die Fixierungen", Blickspanne-Übungen ab Kapitel „Die gezielte Erweiterung der Blickspanne").

   Es ist auch möglich, dass Ihr Leseabstand einfach **zu gering** war. Prüfen Sie bitte, ob Sie zwischen dem Text und Ihren Augen mindestens 30 cm Leseabstand hatten. Sollte er geringer **gewesen** sein, machen Sie bitte die Übungen mit den fortlaufenden Texten erneut (ab „Übung schnelles Lesen 1").
3. Sie haben **zu schnell gelesen**. Nun, dann gehen Sie bitte mit der Lesegeschwindigkeit etwas zurück. Es macht bei dieser Lesegeschwindigkeit

einen Unterschied, ob Sie alle Fragen beantworten möchten oder ob es Ihr Ziel ist, lediglich einen Überblick über den Text zu erlangen. Sie können gern einige Texte erneut durcharbeiten.

Prüfen Sie bitte alle diese Gründe, ob einer davon und welcher für Sie zutrifft.

Übung schnelles, verstehendes Lesen 6

Ziel: Übertrag der Techniken auf das Lesen im (Berufs-) Alltag.

Vorgehen: Wenden Sie die bisher erlernte Technik nun auf Sach- und Informationstexte in Ihrem Alltag an. Machen Sie sich vor dem Lesen kurz klar, warum Sie den Text lesen, welche Information Sie sich von ihm erwarten und lesen Sie dann in einer zügigen Geschwindigkeit, bei der Ihre Gedanken nicht abschweifen. Lesen Sie auf diese Weise bei weniger Zeitaufwand mit höherer Konzentration und höherem Textverständnis.

Nun zu Ihrer Lesegeschwindigkeit: Damit Sie erkennen können, wie schnell Sie lesen, finden Sie im nächsten Kapitel „Die Bewertung der Lesegeschwindigkeit“ eine Tabelle. Diese ist aufgrund von **Erfahrungen und speziellen Versuchen in** inzwischen **über 1000 Seminaren** entstanden.

Ordnen Sie bitte ein, wo Sie gerade stehen. Gleichzeitig können Sie sehen, was durch etwas Übung realistisch und möglich ist.

Die Bewertung der Lesegeschwindigkeit

Mit Hilfe dieser Tabelle können Sie Ihre Lesegeschwindigkeit selbst beurteilen. Sie ist abgestimmt auf den Schwierigkeitsgrad der Übungstexte in diesem Buch.

50–100 W/M	Extrem langsame Leser.
101–150 W/M	Sehr langsame Leser, vergleichbar mit Grundschülern der 4. Klasse oder Leser, die den Text vollständig memorieren können und alle Fragen zum Text richtig beantwortet haben.
151–200 W/M	Langsame Leser oder Leser, die den Text fast vollständig memorieren können und fast alle Fragen zum Text beantworten konnten.
201–300 W/M	Normale und geschulte Leser, die den Text verstanden haben und die meisten Fragen zum Text richtig beantworten.
301–400 W/M	Schnelle, geschulte Leser, die den Text verstehend gelesen haben und die meisten Fragen zum Text richtig beantworten können.
401–500 W/M	Sehr schnelle und gut geschulte Leser, welche die meisten Fragen zum Text richtig beantworten können.

Bei Geschwindigkeiten bis hierher, macht es absolut Sinn, wenn wir uns in einem Seminar kennenlernen. Sie können sich noch erheblich steigern.

501–800 W/M	Extrem schnelle Leser, die mindestens 50 % der gestellten Fragen beantworten konnten. Mit diesem Wert beenden viele Personen unsere Seminare.
801–1700 W/M	Haben Sie die Messung richtig durchgeführt? Sind Sie wirklich ein so guter und schneller Leser, der die meisten Fragen auch noch richtig beantworten konnte? Dann einen Herzlichen Glückwunsch und willkommen im Kreis der schnellen Leser!

Die Lesebremsen

Wussten Sie, dass jeder von uns gewisse Angewohnheiten beim Lesen hat? Kennen Sie das Gefühl**, am Ende eines Textes den Eindruck zu haben, man hätte den Text überhaupt nicht gelesen**? Dies liegt zum einen an der grundsätzlich **zu langsamen Lesegeschwindigkeit** und zum anderen daran, dass die meisten Personen den Text unhörbar, also **innerlich mitformulieren**. Das fällt den Betreffenden selbst in der Regel nicht auf. Manche bewegen auch den Kopf beim Lesen mit. Manche formen die Worte sogar mit den Lippen. Beobachten Sie sich daher einmal selbst, ob Sie sich eine der verschiedenen Stufen der Lesebremsen angewöhnt haben. Besser noch: Bitten Sie eine andere Person, Sie beim Lesen zu beobachten.

Neben dem inneren Mitsprechen, der größten aller Lesebremsen, gibt es noch **weitere Gewohnheiten, die uns beim Lesen behindern**: Falsch eingesetzte Fingerhilfen, Einschränkungen beim visuellen Erkennen und die Regressionen. All diese Themen werden nun in den nachfolgenden Abschnitten nacheinander besprochen.

Inneres Mitsprechen

Inneres Mitsprechen bedeutet, dass die Worte innerlich mitformuliert oder **Wort für Wort mitgedacht werden**. Der Fachbegriff hierfür heißt: „Subvokalisieren". In der Grundschule wurde und wird den meisten von uns gelehrt, dass wir so langsam lesen sollen, dass wir jedes Wort verstehen. Vielleicht wurden auch Sie aufgefordert: „Schaut genau hin!" oder „Achtet auf jedes Wort!". So haben Sie gelernt, auf jedes einzelne Wort zu schauen. Später wurde sicher auch in Ihrer Schulklasse von einem Mitschüler ein Text vorgelesen und der Rest der Klasse musste leise mitlesen.[27] Für das **Lesenlernen** ist und war das förderlich. Jedoch hätten wir damit sofort aufhören sollen, sobald wir lesen **konnten**. Da uns dies nicht gesagt wurde, haben wir systematisch weitertrainiert, uns beim Lesen massiv auszubremsen. Wir sprachen

---

27 Falls Sie Lehrer sind, darf ich Ihnen Vorschläge machen, wie Sie dies umgehen und trotzdem das Ziel erreichen können? Wenn diese Ideen willkommen sind, so freue ich mich auf Ihre E-Mail.

die Worte innerlich mit oder formulierten sie gedanklich mit. Dieses Training war und ist bis heute für die meisten Menschen leider höchst erfolgreich[28]. Wenn auch Sie zu diesen Menschen gehören, finden Sie in diesem Kapitel im Abschnitt „Möglichkeiten der Abhilfe“ viele Tipps und einige Übungen.

Vielleicht fragen Sie sich jetzt, wie man einen Text überhaupt verstehen kann, wenn man ihn nicht Wort für Wort mitdenkt. Das geht sogar sehr gut. Da man sich in der Regel Dinge erst wirklich vorstellen kann, wenn man sie erlebt hat, versuche ich, Ihnen **vorab ein Bild davon zu geben:** Beim subvokalisierten Lesen denkt man beim Lesen die Worte mit und dann darüber nach, was man gelesen hat. Je mehr sich das Subvokalisieren reduziert, desto mehr sieht man die Worte und denkt beim Lesen dieser Worte bereits über den Sinn des Textes nach. Man liest sich also innerlich den Text nicht mehr vor, sondern geht bereits beim Lesen schon einen Schritt weiter und denkt über den Sinn des Textes nach. Dadurch erhöht sich das Textverständnis massiv. Denn die Inhalte kommen direkter in den zur Verarbeitung notwendigen Zusammenhang.

Nach einer Weile der Selbstbeobachtung stellen manche Personen sogar fest, dass die Stimmbänder beim Lesen leicht mitschwingen. Es kommen zwar keine Töne aus dem Mund, trotzdem tut sich etwas im Hals.

Lippenbewegungen

Lippenbewegungen, die die Worte beim Lesen mitformen, hindern uns daran, effizient zu lesen. Es dauert einfach viel zu lange. **Wir können dann nur so schnell lesen, wie wir sprechen können.** Es ist jedoch notwendig, schneller lesen zu können, um andere Techniken und Effekte des effizienten Lesens wirksam werden zu lassen. Meist bemerken die betreffenden Personen nicht, dass sie diese Angewohnheit haben. Hier hilft es, wenn Sie sich ein kleines Stück Klebestreifen über den Mund kleben. Die Lippenbewegungen sind dann erschwert und diese Angewohnheit fällt eher auf.

---

28 In der Grundschule ist dies zum Lesenlernen durchaus sinnvoll. Sobald die Lesefähigkeit erworben ist, sind solche Anweisungen für das effiziente Lesen jedoch äußerst hinderlich.

Lautes Mitsprechen

Die stärkste Lesebremse ist, wenn Sie die gelesenen Worte eines Textes nicht nur still mitformulieren, sondern laut mitsprechen. Wie beim Vorlesen. Übrigens, wer anderen etwas vorliest, versteht Teile des Textes nicht. Beim Vorlesen konzentriert man sich auf das richtige Sprechen und Formulieren statt auf das Verstehen des Textes.

Eine Ausnahme ist, wenn Sie Kindern etwas vorlesen. Diese Texte sind inhaltlich meist schon bekannt und extrem leicht. Deshalb behalten Sie den Inhalt leichter oder Sie lesen voll automatisch vor und sind mit den Gedanken ganz woanders.

Interessant ist es, dies einmal mit Ihnen unbekannten Texten auf Ihrem persönlichen Niveau zu testen. Dort wird das Textverständnis beim lauten Lesen vermutlich erheblich schlechter sein, als wenn Sie leise lesen. Dementsprechend bleibt dann bei den meisten Menschen viel weniger im Gedächtnis haften. Einer der Gründe dafür ist, dass sie sich mehr auf das Formulieren der Worte und die Betonung konzentrieren. Gleichzeitig nehmen sich diese Personen dadurch die Möglichkeit, gezielt mitzudenken. Beim Lesen über den Inhalt nachzudenken, ist jedoch die Voraussetzung für das Behalten des Textes.

Beim Texte vorlesen und beim Texte auf Verständnis lesen, werden unterschiedliche Ziele verfolgt.

Kopfbewegungen

Testen Sie sich einmal bezüglich Ihrer Kopfbewegungen beim Lesen breiter Texte. Haben Sie Ihren Kopf mitbewegt, wenn Sie an das Ende einer Zeile gekommen sind? In diesem Fall lesen Sie vermutlich wieder Wort für Wort, anstatt mehrere Wörter auf einmal und damit auch den Sinn aufzunehmen.

Auch wenn Sie Brillenträger sind, sollten Sie den Kopf beim Lesen nicht mitbewegen müssen. Das gilt auch dann, wenn Sie eine Brille mit sog.

Bifokalgläsern haben. Die einzige Ausnahme sind sog. Gleitsichtgläser mit kleinem Nahsichtbereich. Hier müssen die Augen durch einen bestimmten Punkt schauen und diesen beim Lesen mitführen. Der Kopf bewegt sich dabei automatisch mit. Bei Gleitsichtbrillen mit breitem Nahsichtbereich ist dies nicht mehr notwendig.

Wenn Sie trotzdem den Eindruck haben, dass das scharfe Sichtfeld nicht ausreicht, könnte Ihr **Leseabstand** zu gering sein. Prüfen Sie bitte auch das. **30 bis 40 cm sind perfekt.** Im Zweifel ist ein größerer Abstand besser.

Fingerhilfe

Einige Menschen führen beim Lesen den Finger unterhalb der aktuellen Textzeile mit. Insbesondere Kinder lernen so zu lesen. Manchmal machen Erwachsene dies ebenso. Andere verdecken mit einem Blatt oder einem Lineal den kommenden Text. Diese Methoden schränken die Blickspanne ein. Wer die horizontale Blickspanne erweitert hat, hat dies automatisch auch vertikal getan. Das heißt, Ihr Gehirn bereitet sich beim Lesen schon auf den kommenden Text vor. Der Leser erschließt sich beim Lesen einer Zeile sogar schon die darauffolgende Zeile. Das alles geschieht unbewusst.

Aus diesen Gründen ist es **nicht sinnvoll, den kommenden Text in irgendeiner Form abzudecken**; auch nicht mit einem durchsichtigen Lineal. Möchten Sie beim Lesen auf den Text zeigen, so halten Sie einen Stift oder einen Finger neben den Text in Höhe der gerade zu lesenden Zeile. Alternativ könnten Sie auch von oben auf den Text zeigen. Bitte verdecken Sie jedoch niemals den kommenden Text. Gleiches gilt, wenn Sie beim Wechsel auf die folgende Zeile regelmäßig in die falsche Zeile kommen. Durch schnelleres Lesen nimmt dies ab. Die Augen bewegen sich dann zielgerichteter. Die Zeile beim Lesen zu finden und zu halten, ist eine reine Übungssache.

Schlechtes visuelles Erkennen

Wer eine Brille benötigt, jedoch keine hat oder wessen Brille die Augen nicht richtig korrigiert, der kann nicht effizient und rationell lesen. Das Lesen strengt dann mehr als nötig an und es wird immer etwas geben, das ablenkt, bewusst und unbewusst. Haben Sie also Erkennungsschwierigkeiten beim Lesen, ist ein Besuch beim Augenarzt oder Optiker absolut ratsam.

Haben Sie eine Lesebrille und lesen viel am PC, könnte eine **Bildschirmbrille** einen näheren Gedanken wert sein, die auf den natürlichen Abstand zum Bildschirm angepasst ist. Der Abstand zum Bildschirm ist größer als der Abstand zur normalen Lektüre. Dies macht sich unter Umständen massiv bemerkbar. (Ein Tipp: Viele Arbeitgeber übernehmen die Anschaffung einer Bildschirmbrille. Sie ist dann zwar rein rechtlich Eigentum des Arbeitgebers, aber wer kann schon etwas mit einer an Sie angepassten Brille anfangen?)

Fazit

Viele Menschen haben schon in der Grundschule eine oder mehrere der genannten Lesebremsen erworben. **Zum Lesenlernen** waren diese Routinen sehr **nützlich**. **Beim Lesenkönnen bremsen Sie** jedoch **massiv aus**. Da dies nicht bewusst geschah und man keinen Hinweis darauf bekam, dass diese Routinen nun nicht mehr notwendig sind, legten die wenigsten Menschen diese Lesebremsen ab, sobald sie lesen konnten. **Jedes Mitformulieren** einzelner Wörter, während des Lesens, in Gedanken, leise oder laut, **bedeutet** eine **Verlangsamung** der Lesegeschwindigkeit.

Jeder Mensch denkt und liest viel schneller, als er sprechen kann.

Da Sie schneller denken und schneller lesen könnten, als Sie sprechen können, wird Ihre Lesegeschwindigkeit durch das innere Mitsprechen gehemmt. Das muss nicht sein! Nur – was können Sie tun?

Möglichkeiten der Abhilfe

Wer in etwa Lebensalter minus 10 Jahre lang[29] eine der Lesebremsen praktiziert hat, dem wird es sehr schwerfallen, diese Lesebremsen plötzlich zu vermeiden. Er hat sich einfach daran gewöhnt. Sie wissen bestimmt, wie es mit Gewohnheiten so ist.... Es gibt jedoch durchaus Möglichkeiten, diese Lesebremsen zu vermeiden. Dann können Sie nach kurzer Zeit nahezu alle Lesebremsen vergessen.

Idealerweise gehen Sie **schrittweise** und in dieser Reihenfolge vor.

1. Tipp: Nehmen Sie manchmal den Finger während des Lesens zu Hilfe? Sollten Sie manchmal in der Zeile verrutschen, so hilft es, wenn Sie Ihren Daumen oder Zeigefinger an den Anfang der Zeile legen, die Sie gerade lesen. Dann finden Sie den Anfang der nächsten Zeile schneller. Die Finger während des Lesens zu Hilfe zu nehmen, um die Zeile zu behalten, ist ungünstig.

2. Tipp: Formen Sie zu viele Worte mit den Lippen mit oder formulieren Sie innerlich mit? Wer sagt, dass Sie jedes Wort mitformulieren müssen? Sie dürfen auch anders lesen. Formen Sie beim Lesen künftig die für Sie wichtigen Wörter mit. Häufig sind dies Substantive (Hauptwörter), seltener Bindewörter und manchmal einige andere, weniger wichtige Wörter. Hierzu finden Sie entsprechende Übungen zur Reduzierung der Lesebremsen im Anschluss an diese Tipps.

3. Tipp: Fällt Ihnen Tipp 2 schwer? Trainieren Sie auch bei anderer Lektüre ganz bewusst, nur bestimmte Wörter mitzuformulieren. Reduzieren Sie dabei die Anzahl der Wörter, die Sie in bestimmten Texten mitformulieren.

29 In der vierten Klasse ist das Lesen lernen in der Regel abgeschlossen; also im Alter von circa 10 Jahren.

Lassen Sie sich Zeit beim Beschreiten der einzelnen Stufen:

1. Erlauben Sie sich, pro Satz **ein bis zwei unwichtige** Wörter beim Mitformulieren auszulassen.
2. Gestatten Sie sich pro Zeile **ein unwichtiges** Wort auszulassen.
3. Lassen Sie dann pro Zeile **zwei unwichtige** Wörter aus.
4. Formulieren Sie pro Zeile nur noch **drei wichtige** Wörter mit.
5. Formulieren Sie pro Zeile nur noch **zwei wichtige** Wörter mit.
6. Formulieren Sie pro Zeile nur noch **ein wichtiges** Wort mit.

4. Tipp: Wenn Sie so immer weniger Wörter mitformulieren, werden Sie merken, wie angenehm es sein kann, auf das Mitformulieren der Wörter vielleicht sogar ganz zu verzichten. Versuchen Sie bei diesem Training, nebenher schon während des Lesens zu überlegen, was das Gelesene für Sie bedeutet. Lassen Sie sich bei diesem Training Zeit! Wenn Sie bisher viele Jahre „Routine" im Mitformulieren haben, haben Sie eine Gewohnheit etabliert. Ziel ist nicht, mit dieser Gewohnheit zu brechen, sondern Sie nicht mehr zu benötigen. Geben Sie sich ruhig die Zeit dafür, die Sie dazu benötigen (auch gerne einige Monate).

Damit zum Beginn des Übungsprogramms nicht zu viel Zeit verstreicht, geht es hier nun gleich zur 1. Übungsstufe:

Übung Lesebremsen reduzieren, Stufe 1

Ziel: Verringern des inneren Mitsprechens oder anderer Lesebremsen.

Vorgehen: Bitte lesen Sie diesen Text, indem Sie versuchen, nur auf die unterstrichenen Wörter zu schauen. Das bedeutet auch, dass Sie nur diese für sich selbst mitformulieren.

Achtung: Bitte machen Sie diese Übung nur dann mit, wenn Sie bei sich selbst wirklich festgestellt haben, dass Sie die Angewohnheit haben, Texte innerlich mitzuformulieren.

Text:

Bei dem bayerischen Gemeinschaftsprojekt geht es darum, die Frage nach der Marktfähigkeit von rosarotem Kalbfleisch zu beantworten.

Zu diesem Zweck haben die beteiligten Institutionen in ausgewählten Fleischerfachgeschäften in München, Augsburg und Freilassing einen längeren Markttest angelegt und das Produkt mit dem Begriff „RosaZart – vom ausgereiften Kalb" ausgestattet. Eines der obersten Gebote dieses Kalbfleisch-Projektes ist die Gewährleistung der lückenlosen Einhaltung der strengen Richtlinien für die Erzeugung von „RosaZart" unter laufender Überwachung durch das Landeskuratorium der Erzeugerringe für tierische Veredelung in Bayern (LKV).[30]

Sie sollten bei dieser Übung und Anwendung der Technik den Text nicht nur gelesen, sondern auch verstanden haben, obwohl Sie nur auf bestimmte Wörter geschaut haben.

Wenn Sie jedoch noch nicht mitbekommen haben, worum es darin ging, wiederholen Sie die Übung bitte mit der gleichen Technik so lange, bis Sie zufrieden sind.

Bei den kommenden Übungen sind stufenweise immer weniger Wörter unterstrichen. Auch wenn die einzelnen Stufen gefühlsmäßig zu weit auseinanderliegen sollten, es ist alles in Ordnung. Machen Sie die jeweilige Übung einfach so lange, bis Sie selbst mit dem Ergebnis zufrieden sind. Es wäre nicht sinnvoll, es sich mit zu kleinen Schritten zu leicht zu machen. Die folgende Übung wird daher etwas anspruchsvoller.

---

30 CMA Absatzberater. Abdruck mit freundlicher Genehmigung der Centrale Marketinggesellschaft der deutschen Agrarwirtschaft mbH.

Übung Lesebremsen reduzieren, Stufe 2

Ziel: Weiteres Verringern des inneren Mitsprechens oder anderer Lesebremsen.

Vorgehen: Bitte lesen Sie den folgenden Text und fokussieren Sie wieder nur auf die unterstrichenen Worte. Das bedeutet, dass Sie nur diese mitformulieren.
Sie werden bemerken, dass immer weniger und somit nur die wichtigsten Worte, unterstrichen sind. Am Ende der Übung werden Sie feststellen, dass Sie dennoch das Wichtigste behalten haben.

Achtung: Bitte machen Sie auch diese Übung nur dann, wenn Sie bei sich selbst tatsächlich festgestellt haben, dass Sie die Angewohnheit haben, Texte in irgendeiner Form mitzuformulieren.

Text:

Die tiergerechte Haltung und Aufzucht in den Mitgliedsbetrieben werden durch neutrale Kontrollen des Tiergesundheitsdienstes Bayern rundum gesichert. Darüber hinaus werden die Verwendung von hofeigenem Futter kontrolliert und eine umfassende veterinärmedizinische Betreuung gewährleistet. Ebenso stehen alle Ebenen der Verarbeitung unter ständiger Überwachung. Die strengen, umfangreichen und neutralen Kontrollen sowie Überwachungen garantieren ein in jeder Hinsicht einwandfreies Produkt. In Begleitung des Projektes durchgeführte Marktforschungs-Untersuchungen zeigen, dass die Käufer dem Produkt „RosaZart“ insbesondere bei den Kriterien Farbe, Frische, Marmorierung, Saftigkeit und Zartheit positiv gegenüberstehen. Die gewünschte Positionierung von „RosaZart“ zwischen Kalb und Rindfleisch ist allerdings noch nicht ganz gelungen; der Eindruck, dass es sich um ein „besseres Rindfleisch“ handelt, ist stärker ausgeprägt. Hier muss die Werbung noch mehr profiliert werden. Erfreulich ist, dass auch der Handel das Produkt positiv sieht. In der schwierigen Anfangsphase ist ein „aktives Verkaufen“ des hochwertigen Erzeugnisses notwendig. Der Handel wünscht deshalb eine intensivere Unterstützung, beispielsweise auch durch Verkostungsaktionen, Verkäuferschulungen oder Rezeptangebote.
Zusammenfassend kann man sagen, dass das neue Produkt vom Verbraucher durch seine hervorragende Qualität gut akzeptiert wird.[31]

---

31 CMA Absatzberater; Abdruck mit freundlicher Genehmigung der Centrale Marketinggesellschaft der deutschen Agrarwirtschaft mbH.

Übung Lesebremsen reduzieren, Stufe 3

Ziel: Weiteres Vermeiden des inneren Mitsprechens oder anderer Lesebremsen.

Vorgehen: Wie vorige Übung. Hier ist teilweise nur ein Wort pro Zeile unterstrichen, das Sie mitformulieren.

Text:

Das Beurteilungsverfahren

In der Literatur unterscheidet man prinzipiell zwischen summarischen und analytischen Personalbeurteilungsverfahren.

Die summarischen Verfahren sind dadurch gekennzeichnet, dass der Mitarbeiter als Ganzes pauschal beurteilt wird, ohne dass bewusst auf einzelne Beurteilungsmerkmale abgestellt wird. Der Beurteiler bewertet also aus seiner subjektiven Wahrnehmung heraus, ohne sich an vorgegebene Beurteilungskriterien halten zu müssen.

Dies führt allerdings zu einer sehr subjektiven Einschätzung und erfüllt keinerlei Ansprüche, die an eine möglichst objektive Mitarbeiterbeurteilung zu stellen sind. Dieses Verfahren ist daher nicht zu empfehlen.

> Im Gegensatz zum summarischen Verfahren steht das analytische Verfahren. Hier werden einzelne Merkmale (Beurteilungskriterien) beurteilt, die in ihrer Summe ein möglichst vollständiges Leistungsbild des Mitarbeiters zeigen. Der entscheidende Vorteil dieser Methode ist, dass die zu Beurteilung herangezogenen Kriterien auf Vollständigkeit und Relevanz kontrolliert werden können, da sie vorher genau festgelegt und formuliert wurden. Es entsteht eine möglichst große Objektivität.

Auch während dieser Übung haben Sie sicher gemerkt, dass Sie neben den mitformulierten Wörtern die übrigen Wörter ebenfalls gesehen, somit gelesen und dadurch den ganzen Text dennoch verstanden haben. Wenn Sie diese Übung erfolgreich absolviert haben, haben Sie pro Zeile teilweise nur eine Fixierung gemacht. Auch wenn es ungewohnt war: das hat doch auch ausgereicht. Korrekt?

Auf diese Weise können Sie Ihre normale Literatur ebenso lesen. So benötigen Sie dort pro Zeile ebenfalls nur eine Fixierung. Informationstexte auf diese Art zu lesen, ohne dabei zu viel Zeit aufzuwenden, wird Ihnen zur zweiten Natur werden.

Übung Lesebremsen reduzieren, Stufe 4

Ziel: Weiteres Reduzieren des inneren Mitsprechens oder anderer Lesebremsen anhand eigener Literatur.

Vorgehen: Bitte suchen Sie sich jetzt eigene Texte aus einer Zeitung, Zeitschrift oder aus Ihrer Fachliteratur aus und lesen Sie diese Texte nach Mustern der vorangegangenen Übungen. Konzentrieren Sie sich wieder nur auf wenige wichtige Wörter pro Satz. Das bedeutet wieder, dass Sie nur diese wichtigen Wörter mitformulieren. Unterstreichen ist nicht notwendig. Bitte markieren Sie bestimmte Wörter nur dann, wenn Sie merken, dass Sie diese immer noch mitformulieren.

Wenn Sie auch diese Übung absolviert haben, wird es Ihnen noch klarer werden, dass Sie trotz des scheinbaren Übergehens bestimmter Wörter dennoch das Wichtigste behalten haben.

Wenn Sie möchten, wiederholen Sie diese Übungen von Zeit zu Zeit. **Sie können sich, und das ist besser, auch eigene Lektüre vornehmen.** Bitte konzentrieren Sie sich dann wieder auf nur wenige wichtige, bedeutsame und aussagekräftige Wörter, die Sie mitformulieren. Unterstreichen wird nun sicher nicht mehr nötig sein.

Sollten Sie nach einiger Zeit wieder in das Formulieren jedes einzelnen Wortes übergehen, wiederholen Sie diese Übungen bitte von Zeit zu Zeit. Geben Sie sich Zeit in diese neue Lesegewohnheit hineinzuwachsen.

Übung Wie wenig Text benötigen Sie wirklich?

Eine zweite Möglichkeit, um Lesebremsen wirkungsvoll zu verhindern, ist sehr simpel. Sie dauert nur wenige Minuten und verschafft ein zunehmend sicheres und gutes Gefühl:

Nehmen Sie einen Text zur Hand, den Sie selbst als wichtig einstufen (Wichtig ist ausschlaggebend!). Er sollte ungefähr den Umfang einer DIN A4-Seite haben. Streichen Sie dann mit einem schwarzen Filzstift und einem Lineal fein säuberlich alle Worte durch, die für Sie zum Textverständnis nicht wichtig sind. Wenn Sie fertig sind, werden Sie staunen, wie wenig übrigbleibt! **Lassen Sie dieses Bild auf sich wirken.** Dieser Eindruck unterstützt Sie kognitiv und emotional im Aufbau des Gefühls, nicht jedes Wort lesen zu müssen.

BrainTrain Lesehilfe®

Nun zur dritten Möglichkeit, **wie Sie Lesebremsen reduzieren und letztendlich abstellen können**. Das geschieht mit der BrainTrain Lesehilfe® zum Verhindern des inneren Mitsprechens (Subvokalisieren). Gleichzeitig können Sie damit das schnellere Lesen üben.

Diese Lesehilfe® können Sie als Leser dieses Buches bei uns kostenlos anfordern. Senden Sie dazu eine E-mail an buecher@braintrain.de mit Ihren Adressangaben, dem Stichwort „Lesehilfe“ und dem Hinweis, dass Sie den Tipp aus diesem Buch haben. Gegebenenfalls finden Sie auf der Webseite https://braintrain.de aktualisierte Kontaktdaten.

Für die Übungen legen Sie die BrainTrain Lesehilfe® über einen in Spalten geschriebenen Text. Den finden Sie beispielsweise in Tageszeitungen. Schauen Sie bei diesem Text nicht auf jedes einzelne Wort. Formulieren Sie gedanklich pro Zeile nur die Worte im hellen Bereich mit. Beispiel:

Dieser Text zeigt Ihnen das System: Wenn Sie bei in Spalten geschriebenen Texten auf den hellen Bereich schauen, können Sie nach etwas Übung mit je einer Fixierung ungefähr in der Mitte jeder Zeile auskommen. Nur die Wörter formulieren Sie mit, die im hellen Bereich stehen. Dennoch erkennen Sie auch die am Rand stehenden Wörter.

Abb.: Legen Sie die BrainTrain-Lesehilfe® auf den Text und formulieren Sie gedanklich nur den hellen Bereich mit.

Sie können die Lesehilfe auch für breiten Text einsetzen. Dabei formulieren Sie dann zunächst pro Zeile die drei hellen Bereiche mit und reduzieren diese dann schrittweise. **Mit Spaltentext zu beginnen wird Ihnen jedoch vermutlich leichter fallen** und erleichtert ebenso das Reduzieren des Mitsprechens bei breitem Text.

Übungen mit der BrainTrain-Lesehilfe®

Ziel: Das Ziel der Übungen ist, pro Zeile nur ein Wort gedanklich mitzuformulieren und dennoch den gelesenen Text zu verstehen. Geben Sie sich bitte bei den Übungen Zeit. Erste Erfolge sind auch bei diesem System vermutlich nach etwa 1 Woche sichtbar.

Übungsfrequenz:

1. Stufe: Bitte üben Sie in der ersten Woche an jedem Tag **zwei Mal** je circa **fünf** Minuten.

2. Stufe: Ab der zweiten Woche reicht **einmaliges** Üben täglich für circa **fünf** Minuten. Das behalten Sie bitte für drei Wochen bei.

3. Stufe: Ab der fünften Woche üben Sie bitte täglich **drei** Minuten so lange, bis Ihr Textverständnis für Sie akzeptabel ist.

Wenn Sie mehrere Worte pro Zeile mitformulieren, so reduzieren Sie diese im Laufe der einzelnen Stufen langsam auf ein Wort. Sollten Sie nicht kontinuierlich an jedem Tag üben können, führen Sie bitte die Übungen in der 1. Stufe länger durch. Bei längeren Unterbrechungen steigen Sie einfach wieder mit dem vorherigen Rhythmus ein. **Bleiben Sie in einer Stufe so lange, bis Ihr Textverständnis akzeptabel ist.** Erst dann ist ein Wechsel in die nächste Stufe sinnvoll und gewinnbringend.

1. Tipp: Bitte achten Sie auf normalen Leseabstand (30–40 cm), nicht näher.

2. Tipp: In den ersten Wochen empfiehlt es sich, die Übungen mit leichterer Lektüre wie Tageszeitungen zu beginnen. Erst wenn Ihr Textverständnis akzeptabel ist, weiten Sie die Übungen auch auf Fachliteratur aus.

3. Tipp: Machen Sie aus dieser Übung ein Miniprojekt, sodass Sie regelmäßig die Min uten finden, die Übungen durchzuführen. Dann gewöhnen Sie sich an die Umstellung innerhalb von circa 6–8 Wochen. Bei sehr unregelmäßigem Üben können die einzelnen Stufen mehr als drei Monate dauern.

Auf diese Weise können Sie Ihr Subvokalisieren langsam aber sicher erheblich verringern. Bitte denken Sie auch daran, dass das Subvokalisieren nicht grundsätzlich schlecht ist. Geben Sie sich für diesen Weg Zeit und Geduld. Wichtig ist, dass Sie Ihrem Gehirn diese Technik regelmäßig anbieten, um sie zur automatischen Gewohnheit werden zu lassen. Sind Sie bei einem Wort pro Zeile mitsprechen angelangt? Dann beglückwünsche ich Sie! Sie haben einen erfolgreichen Weg zurückgelegt.

Die Lesehilfe® wurde zuerst entwickelt, um die Blickspanne besser auszunutzen. Dafür können Sie sie ebenfalls verwenden. Legen Sie die BrainTrain Lesehilfe® hierzu quer über breiten Text und fixieren Sie beim Lesen in die hellen Bereiche.

Hier kommt noch ein weiterer Weg:

Übung zur Stabilisierung der Blickspanne

Ziel: Pro Zeile nur eine Fixierung machen und dennoch den Sinn des Textes erfassen.

Vorgehen: Bitte achten Sie auch hier auf den normalen Leseabstand (30–40 cm). Lesen Sie den etwas längeren Text und versuchen Sie, mit nur 1 Fixierung pro Zeile auszukommen. Bitte lesen Sie diesen Text und konzentrieren sich darauf, Ihre Augen trotz Ausnutzung Ihrer Blickspannweite ungefähr in der Mitte zu halten – an dem Leitstrich.

Text:[32]

32 Auszug aus: NN: Wo die Idee entstand … in BM für Frauen und Jugend (HRSG.): KABI, Nr. 39, Projekt 39.1 (Ohne Seitenangabe).

In Hessen, bei den Bergweg-Foren in Oberursel/Ts., entstand die Idee der Initiative „Unternehmen: Partner der Jugend". Unternehmensberater Bernhard von Mutius versammelte in den Jahren 1993 und 1994 in Abständen Wissenschaftler, Unternehmer und Freiberufler zum Nachdenken und Diskutieren über die „Zukunft der Erwerbsgesellschaft". Anlass war die besorgniserregende UN-Prognose, nach der im Jahre 2030 nur noch 25 Prozent der Bürger in Europa eine feste und qualifizierte Arbeit haben werden. Gemeinsam kam man zu dem Schluss, dass Gemeinwesenarbeit eine übergreifende Aufgabe der ganzen Gesellschaft sein müsse, wenn man diesen Trend noch stoppen wolle. Nicht nur die Jugendhilfe, sondern auch Unternehmen, Schulen, Freiberufler, ältere Menschen, Erwachsene, Nachbarn – alle seien gefragt. Der Durchbruch kam mit dem Kongress in Dresden im November 1995. Daraus entwickelten sich – zunächst in Arbeitsgruppen – die sechs UPJ-Büros, die heute die Arbeit koordinieren. Der UPJ-Schreibtisch steht in Hessen beim *Institut für Selbstorganisation (ISO)* in Frankfurt/Main. Das hat zwei Gründe: Das vor zehn Jahren gegründete Institut wurde ins Leben gerufen, um Fortbildung im Netzwerk für kleine Initiativen zu organisieren. Und es hing zusammen mit *cash coop*, einem losen Bund von Leuten, die Finanzierungswissen untereinander austauschten. Diethelm Damm, der Leiter des Büros in Hessen, heute: „UPJ ist im Grund die Fortsetzung von cash coop mit anderen Mitteln."

Die Initiative zielt nach seinen Worten auf die langfristige Zusammenarbeit mit Unternehmen (und gehört nicht wie Sponsoring zum Bereich Werbung). Gemeinsam stellen sich die Partner die Fragen:

- Was ist vor Ort das Jugendproblem?
- Was können wir mit unseren jeweiligen Ressourcen tun?
- Was kann das zur Entwicklung des Gemeinwesens beitragen?
- Wie kann das Unternehmen davon profitieren?

Seit Januar 1996 ist im Hessen-Büro Ingeborg Bellmann für die Öffentlichkeitsarbeit der UPJ-Büros bundesweit zuständig. Sie ist vor allem damit beschäftigt, Beispiele zu finden und zu präsentieren, die die Idee der Partnerschaft für die breite Öffentlichkeit deutlich machen. Für die Gründung eines eigenen Behindertenservers im Internet werden noch Kooperationspartner gesucht. Ein Jugendprojekt in der Region Offenbach, das Präventive Jugendarbeit betreibt, ist kurz vor dem Schritt in die Öffentlichkeit. „Wir müssen dabei den Prozess der Selbstfindung in den Projekten unterstützten", ist Ingeborg Bellmanns Erfahrung. „Viele haben Angst davor, sich selbst und ihre Identität zu verlieren, wenn sie den Schritt in eine Partnerschaft tun."

Benötigte Zeit: ....Minuten, ...Sek.

Bitte beantworten Sie gleich die folgende Frage:

Was war für Sie persönlich an diesem Artikel wichtig und/oder interessant?

....

....

....

Nebenbei bemerkt: Ist Ihnen aufgefallen, dass der Artikel schon über 20 Jahre alt ist? Haben Sie sich womöglich gefragt, warum Sie das lesen? Herzlichen Glückwunsch! Sie haben Sie beim Lesen über den Inhalt des Textes nachgedacht und in Frage gestellt, warum Sie ihn lesen ... Sind Ihre Gedanken jedoch abgeschweift, weil Sie der Text aufgrund seines Alters für irrelevant hielten, so haben Sie lesetechnisch gesehen unnötig Zeit aufgewandt. Waren Sie bis zum Ende aufmerksam, weil Sie die Lesetechnik trainieren wollten, so werten Sie dies jedoch bitte positiv.

Bitte notieren Sie hier die von Ihnen gemessene Lesezeit:

Lesezeit: .... Minuten, ... Sek.

Rechnen Sie diese Zeit nun bitte in Sekunden um. (Beispiel: 1 Minute und 34 Sekunden sind insgesamt 94 Sekunden.)

Ihre Zeit in Sekunden: .... Sekunden

Dieser Text hat 386 Wörter. Bitte rechnen Sie jetzt Ihre durchschnittliche Lesegeschwindigkeit aus. Dazu diese Formel als Hilfe:

$$Lesegeschwindigkeit = \frac{386\ Wörter\ x\ 60}{Ihre\ Lesezeit\ in\ Sek.} = \ldots\ldots\ldots\ldots\ldots\ldots \quad Wörter\ pro\ Min.$$

Oder, vereinfacht:

$$23\,160 \div Ihre\ Lesezeit\ in\ Sekunden\ = \ \ldots\ldots\ldots\ldots\ldots\ldots\ W\ddot{o}rter\ pro\ \ Minute$$

Sollte Ihr Textverständnis noch nicht sofort Ihren Ansprüchen genügen, so geben Sie sich bitte noch etwas mehr Zeit. Machen Sie diese Übung einfach erneut.

Die Regressionen

Es gibt eine weitere Form der Lesebremsen, die Regressionen. Wenn Sie Ihre bisherigen Lesegewohnheiten Revue passieren lassen, werden Sie vermutlich oft während des Lesens zu einem bereits gelesenen Wort oder Satz Ihres Textes zurückgesprungen sein. Sie hatten ihn nicht vollständig verstanden oder wollten sichergehen, dass Sie ihn richtig verstanden haben?

Die Rückkehr zu schon gelesenem Text kostet nicht nur sehr viel Zeit, sondern sie hat noch einen weiteren Nachteil:

Regressionen beim Lesen machen müde!

Wir lesen, um Text aufzunehmen und ihn zu verstehen. Oft jedoch merken wir nach einigen Zeilen, dass wir das Gelesene gar nicht richtig verstanden haben. Bei wichtigen Texten rufen wir uns die letzten Sätze entweder ins Gedächtnis zurück oder wir lesen diese Textstellen erneut. Bei schwierigen Texten wiederholen wir das so lange, bis wir sie verstanden haben. Erst dann lesen wir weiter. Dieses Zurückgehen im Text nennen wir eine bewusste Regression.

Bewusste Regressionen

Der gelesene Text soll auch verstanden werden. Bewusste Regressionen zielen auf das richtige Textverständnis. Deshalb ist die bewusste Regression grundsätzlich auch eine erwünschte Handlung. Dennoch haben sie **zwei Nachteile**:

Nachteil 1: Der bis zum Zurückspringen gelesene Text wird mit der Regression leicht vergessen.

Nachteil 2: Regressionen machen und müde und verringern die Lust am Lesen.

1. **Wir vergessen den gelesenen Text**
   Wenn wir merken, dass wir das Gelesene nicht verstanden haben, im Text zurückgehen und uns visuell und gedanklich auf das richtige Verstehen des Textes konzentrieren, rückt der unmittelbar davor gelesene und verarbeitete Text in den Hintergrund. Er verschwindet aus dem Gedächtnis und steht für die aktuelle gedankliche Erinnerung und Arbeit nicht mehr zur Verfügung. Pauschal ausgedrückt heißt das: Wir vergessen den gerade zuvor gelesenen Text.

   Für das Verarbeiten von wichtigen Texten greift dann ein weiterer Nachteil:

2. **Wir verlieren die Lust am Lesen und werden müde**
   Bei schwierigen Texten oder eigener Unkonzentriertheit häufen sich in der Regel die Regressionen. Bei jeder Regression haben wir mehr Schwierigkeiten, den Text in seiner Gänze gedanklich zu erfassen und Verbindungen zu vorher Gelesenem herzustellen. Auch das Überprüfen des Textes auf Richtigkeit macht mehr Mühe. Die Folge ist, dass wir die Lust an dem gelesenen Text verlieren und ihn beiseitelegen. Im günstigsten Fall nehmen wir ihn später noch einmal zur Hand, in der Hoffnung, das Textverständnis falle uns dann leichter. Bei der Nachtlektüre zum Einschlafen kann das durchaus dienlich sein. Wichtige Texte müssen jedoch gut erinnert werden.

   In der beruflichen Praxis bewerten wir das Lesen des wichtigen, aber fast wieder vergessenen Textes als negativ. Außerdem wenden wir uns dann gerne einer Beschäftigung zu, die unsere körperliche Aktivität erfordert. D. h., wir rücken vom eigentlichen Plan, etwas zu lesen, ab.

Unbewusste Regressionen

Neben den bewussten Regressionen kennen wir die unbewussten Regressionen. Unbewusste Regressionen setzen keine bewusste gedankliche Arbeit voraus. Hier sind wir im Lesen des Textes nicht deshalb zurückgegangen, **weil Textteile unverständlich waren**. In unbewusste Regressionen verfallen wir hauptsächlich bei Müdigkeit, Konzentrationsmangel, erhöhtem äußerem (Lärm), innerer (gedanklicher) Ablenkung, bei zu langsamem oder auch bei zu schnellem Lesen (Achtung: **Jedoch nicht bei schnellem Lesen in ge-**

hirngerechter Geschwindigkeit.). Insbesondere die unbewusste Regression sollte vermieden werden.

Möglichkeiten der Erleichterung

Bei schwierigen, wie beispielsweise wissenschaftlichen Texten schweben wir in der Gefahr, zu schnell zu lesen. Dann merken wir, dass wir bestimmte Textpassagen nicht verstanden haben und verfallen ins Lesen mit Regressionen.

Sinnvoller ist es, von vorn herein mit angepasster Geschwindigkeit zu lesen und ganz bewusst Regressionen zu vermeiden. Wichtig ist dabei jedoch, darauf zu achten, auch nicht zu langsam zu lesen.

1. Tipp: **Legen Sie sich beim Lesen vorübergehend und von oben kommend ein Blatt Papier auf den Text** und schieben Sie das Blatt jeweils eine Zeile weiter, wenn Sie die Textzeile gelesen haben. Das Papier liegt also nicht unter dem Text, sondern sollte oberhalb Ihres Textes liegen. Sie decken dabei das schon Gelesene mit dem Papier ab; niemals das noch zu Lesende. **Damit können Sie bestimmte Regressionen nicht mehr machen.** Praktizieren Sie dieses Verfahren nicht allzu lange. Sie schränken damit nämlich auch einen Teil Ihrer Blickspanne ein. Dieses Vorgehen dient nur dazu, sich den Rücksprüngen bewusst zu werden und aktiv vorwärts zu lesen.

2. Tipp: **Lesen Sie bei dieser Übung nicht zu langsam.** Woran merken Sie, dass Sie zu langsam lesen? Ihre Gedanken beginnen abzuschweifen und Sie lassen sich vom Gelesenen durch äußere Einflüsse ablenken.

3. Tipp: Wenn möglich, schließen Sie Tür und Fenster und **schalten Sie bewusst unnötige Störungen aus.**

4. Tipp: Machen Sie bei wichtigen, bedeutenden Texten nach jedem Sinnabschnitt oder Absatz eine **Pause, und rekapitulieren** Sie das Gelesene.

5. Tipp: **Wählen Sie einen guten Zeitpunkt.** Vermeiden Sie, wichtige Lektüre aufzunehmen, wenn Sie sowieso unter Zeitdruck, Konzentrationsmangel, äußerer oder innerer Ablenkung stehen oder wenn der nächste Kunde doch gleich anruft oder zur Tür hereinkommt. Es ist schade um die vergebens eingesetzte Zeit. Nutzen Sie diese Zeit lieber für Routinearbeiten oder leichte Lektüre wie Post, Zeitung, Zeitschriften.

6. Tipp: Verwenden Sie Ihre **Hochs im Tageszyklus** für wichtige Lektüre.

Wenn Sie diese Tipps beachten, dann lesen Sie schnell und effizient.

Manchmal liest man Texte und fühlt sich erst im zweiten oder dritten Absatz im Lesefluss. Zu diesem Zeitpunkt kommt häufig der Gedanke auf, bis gerade eben nicht gelesen zu haben. Folglich springt man dann zurück an den Textanfang. Das machen wohl die meisten Menschen. Es erscheint logisch. Nur, ist es auch günstig? Gerade im Lesefluss angekommen, reißt man sich ausgerechnet dann förmlich wieder heraus. Besser ist es, weiterzulesen. Häufig wird auf die anfänglichen Themen erneut eingegangen. Trotzdem: Lesen Sie **am Ende** die „verlorenen" Absätze tatsächlich noch einmal kurz durch. Sie bekommen dadurch sehr schnell ein Gefühl dafür, wann es sich rentiert, die ersten Absätze noch einmal zu lesen und wann nicht. Dieses Gefühl ist sehr wertvoll und daher nutzbringend.

Die Regressionen bremsen Ihre Lesegeschwindigkeit und erschweren das Textverständnis. Zusätzlich haben wir sehr oft festgestellt, dass die meisten Personen alles lesen, was ihnen vor die Augen kommt; und zwar mit der gleichen langsamen Lesegeschwindigkeit. Eine gute Möglichkeit, Ihre schon hohe Lesegeschwindigkeit noch erheblich zu steigern, ist das suchende Lesen, das im nächsten Abschnitt behandelt wird.

Das suchende Lesen

Neben dem schnellen Lesen mit gutem Textverständnis kann es manchmal sinnvoll sein, auf eine **noch höhere Lesegeschwindigkeit** Wert zu legen. Hier verzichtet man aktiv auf einen Teil des Textverständnisses, **um ganz gezielt sehr schnell die wesentlichen Informationen zu finden**.

Deshalb gehören zum rationellen Lesen neben dem guten Textverständnis auch Lesetechniken, bei denen bewusst auf weniger wichtige Textinhalte verzichtet wird und der Vorteil des Zeitsparens im Vordergrund steht. Sie kennen sicher Techniken wie das überfliegende oder diagonale Lesen. Auf diese Techniken gehen wir später noch ein. Zusätzlich gibt es aber eine weitere **Technik, die** nicht so verbreitet ist, Ihnen jedoch **ein erhebliches Maß an Zeitgewinn bringt.** Sie steht deshalb noch vor dem überfliegenden Lesen: Das suchende Lesen.

Beim suchenden Lesen prüfen Sie nur anhand von bestimmten Suchwörtern, ob der Text überhaupt interessant und lesenswert ist. Sind diese Suchwörter gar nicht im Text vorhanden, wird der Text für Sie uninteressant sein.

In der Praxis verwenden Sie **suchendes Lesen** bei jeglicher Lektüre dann, **wenn**

1. sie erst einmal **selektieren** möchten, ob die Lektüre überhaupt für Sie interessant ist,
2. sie zu **wenig Zeit** haben, den Text mit allen Details ausführlich zu lesen,
3. sie nur die **wesentlichen Stellen im Text** finden möchten, um den Ballast innerhalb des Textes auszusortieren.

Dieses suchende Lesen geschieht sehr schnell. Sie lesen den Text nicht auf Verständnis. Stattdessen gehen Sie den Text nur mit Blickführung in der Mitte durch und prüfen, ob Ihnen der zu suchende Begriff ins Auge fällt.

Nutzen Sie die folgende Übung nun nur dazu, zu prüfen, ob ein bestimmtes Thema überhaupt im Text vorkommt. Wenn nicht, wäre in der Praxis diese Lektüre für Sie nicht weiter interessant.

Übung suchendes Lesen 1

Ziel: Das Variieren der Lesegeschwindigkeit und das Suchen eines Begriffes.

Vorgehen: Bitte lesen Sie den folgenden Text nicht. Es dreht sich nur darum, dass Sie ein bestimmtes Wort im Text schnell finden. Sie suchen also nur das Wort:

CMA-Gütezeichen

Gehen Sie den Text **sehr schnell** ungefähr in der Mitte von oben nach unten durch.

Text:

Der Staatssekretär begrüßte, dass es auf der anderen Seite inzwischen eine ganze Reihe von Unternehmen in den neuen Bundesländern gebe, die sehr zuversichtlich in die Zukunft blicken könnten. Dies gelte insbesondere für Unternehmen, die durch die Treuhand privatisiert wurden und mit westlichen Firmen zusammengegangen seien.

Der Handel habe erfreulicherweise das anfängliche Zögern gegenüber den Produkten aus den neuen Ländern weitgehend überwunden und die Zugkraft der ostdeutschen Spezialitäten erkannt und genutzt, und zwar sowohl in den neuen als auch in den alten Bundesländern. Hier spiele das Verbundenheitsgefühl zu heimischen Produkten eine entscheidende Rolle. Erfreulich sei ebenfalls, dass die Vergabe des CMA-Gütezeichens für Ostprodukte rapide zunehme. Diese Prämierungen würden einen enormen Leistungsansporn auslösen.[33]

---

33 CMA Absatzberater. Mit freundlicher Genehmigung der Centrale Marketinggesellschaft der deutschen Agrarwirtschaft mbH.

Vermutlich haben Sie den Suchbegriff sofort gefunden, und zwar trotz der hohen Geschwindigkeit, mit der Sie durch den Text gegangen sind.

Der Hintergrund aus der Praxis für diese Übung ist: Nehmen Sie an, Sie würde nur interessieren, ob im Text etwas zum Thema: „CMA-Gütezeichen" ausgesagt wird. Wenn ja, so würden Sie in der Praxis jetzt die Details dazu lesen. Wenn nein, so wäre der Text nicht weiter interessant für Sie; Sie könnten ihn getrost zur Seite legen.

In der Praxis ist diese Technik insbesondere dann sehr praktisch, wenn während Ihrer Abwesenheit viele Unterlagen auf Ihren Schreibtisch gelegt werden.

Wenn wir eine vergleichbare Übung in unseren Seminaren machen, so stellen wir immer wieder fest, dass die Teilnehmer den Text dabei fast verstehend mitlesen, weil sie den Begriff so langsam suchen. Haben Sie dies ebenfalls getan? Haben Sie ganz automatisch noch fast jedes Wort mitgelesen? Damit haben Sie die Technik noch nicht völlig ausgereizt. Deshalb: **Geben Sie Gas!** Es gibt mehrere Möglichkeiten, wie Sie das finden, was Sie suchen.

Eine sehr gute Möglichkeit, die Sie wahrscheinlich bei der vorigen Übung auch gewählt haben, ist diese:

Der Staatssekretär begrüßte, dass es auf der anderen Seite inzwischen eine ganze Reihe von Unternehmen in den neuen Bundesländern gebe, die sehr zuversichtlich in die Zukunft blicken könnten. Dies gelte insbesondere für Unternehmen, die durch die Treuhand privatisiert wurden und mit westlichen Firmen zusammengegangen seien.

Abb.: Mit einem Blick in die Mitte des Textes den Text von oben nach unten erfassen.[34]

34 CMA Absatzberater. Mit freundlicher Genehmigung der Centrale Marketinggesellschaft der deutschen Agrarwirtschaft mbH.

Dies bedeutet: mit einem Blick ungefähr in die Mitte des Textes schauen, den Text von oben nach unten sehr zügig erfassen und dabei den Begriff suchen.

Das ist eine sehr gute Methode, die Sie auch bei der folgenden Übung wieder anwenden können.

Übung suchendes Lesen 2

Ziel: Das Variieren der Lesegeschwindigkeit und das Suchen eines Begriffes.

Vorgehen: Bitte lesen Sie den folgenden Text nicht. Es dreht sich auch bei dieser Übung nur darum, dass Sie ein bestimmtes Wort im Text schnell finden. Sie suchen also nur dieses Wort:

Gastgeschenke

Gehen Sie ruhig **mit Turbo-Geschwindigkeit** vor und ein scheinbares Risiko ein. Sie sollten den Begriff innerhalb von 5 Sekunden gefunden haben.

Text:

Korea und Japan hatten historisch häufig Konflikte miteinander. Auch im Umgangsstil ist eine Polarität festzustellen: Die Japaner sind im allgemeinen persönlich zurückhaltend und etikettebewusst. Die Koreaner hingegen sind stärker extrovertiert und weniger zurückhaltend in der Lautstärke. Trotzdem: Auch Korea ist ein typisch asiatisches Land. Das Schlüsselwort für Korea ist „Kibun“; es bedeutet vor allem: Harmonie und Einvernehmen. Kibun ist der gemeinsame Nenner in gesellschaftlichen Beziehungen oder geschäftlichen Abmachungen, ist die Hinwendung zu friedlichem und großzügigem Einverständnis. Kibun bedeutet aber auch Harmonie in der Familie. Für den einzelnen bedeutet Kibun, dass man sich innerhalb der Familie um Harmonie bemüht und Ältere ehrt.

> Das Kibun-Prinzip wird verletzt, das muss unterstrichen werden, wenn Einladungen zu karg ausfallen, wenn man zu geringfügige, herabsetzende Gastgeschenke erhält. Denn: Die koreanische Gesellschaft ist viel stärker vertikal als horizontal gegliedert. Der Höhergestellte gilt mehr, der Niedriggestellte weniger als in den meisten anderen Ländern.[35]

Auch den Suchbegriff „Gastgeschenke" haben Sie sicher gefunden. Sie haben wahrscheinlich viel weniger Zeit als 10 Sekunden benötigt und sind vielleicht sogar mit 4 Sekunden ausgekommen? Es dreht sich ja nur darum, sehr schnell und trotzdem sicher entscheiden zu können, ob das, was Sie suchen, überhaupt in diesem Text zu finden ist und wo es steht.

Möchten Sie das Gefühl der Sicherheit erhöhen, dass der zu suchende Begriff auch gefunden wird, wenn er am Rand des Textes steht? Dann führen Sie Ihren Blick statt in einer geraden Linie (Möglichkeit 1), in einer Zickzack-Linie (Möglichkeit 2 und 3 der nachstehenden Abbildung) über den Text. Außerdem ist es möglich, dass nicht der gesuchte Begriff im Text vorkommt, sondern ein verwandter Begriff (Synonym). Daher muss sichergestellt werden, dass das interessierende Thema erkannt wird, auch wenn ein gesuchter Begriff nicht gefunden wird.

Auch aus diesem Grunde gibt es neben der schon angeführten ersten Technik weitere Techniken, wie Sie noch effektiver Textteile suchen können:

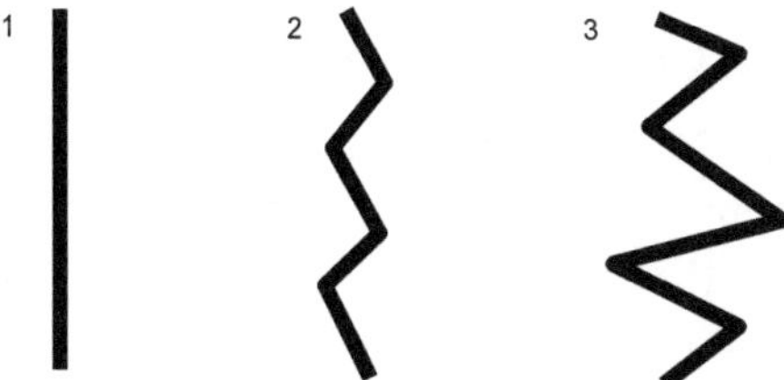

Abb.: Weitere Techniken zum suchenden Lesen stellen sicher, dass der Text korrekt als interessant oder uninteressant eingestuft werden kann

35 H. Commer: Knigge International, ECON Taschenbuch-Verlag, Düsseldorf, Seiten 149-150. Abdruck mit freundlicher Genehmigung des ECON-Verlag, Düsseldorf.

Technik 1 bietet eine Art sichere Schiene, an der sich mancher gerne orientiert, um nicht ins Wort-für-Wort-Lesen zu verfallen.

Technik 2 stellt dar, wie Sie bei einem leichten Text nicht nur in der Mitte beginnen, sondern mit Ihrem Blick auch ziemlich in der Mitte des Textes bleiben. Durchkämmen Sie ihn von oben nach unten nach dem zu suchenden Begriff. Bei dieser Form des Lesens fallen Ihnen Wörter auf, weil sie

1. dem Suchwort ähneln oder
2. dem Themenbereich entspringen, aus dem das Suchwort kommt.

Technik 3 stellt die Blickführung dar, für einen schwierigen Text mit einer großen Spaltenbreite, der viele Fremdwörter oder sachverwandte Begriffe enthält, die Ihnen ebenfalls ins Auge springen.

Mit diesen Blickführungen des suchenden Lesens können Sie in der Praxis andere Techniken verknüpfen, zum Beispiel das überfliegende Lesen.

Gehen Sie nun mit dieser Technik an eigenes Material heran, das Sie sowieso lesen werden. Stellen Sie fest, wie schnell Sie die wesentlichen Stellen im Text finden. **Genießen Sie ruhig, Ballasttexte und Ballast innerhalb der Texte nicht mehr oder nicht mehr bis ins Detail lesen zu müssen.**

Übung suchendes Lesen 3

Ziel: Übertrag der Technik auf das Lesen im (Berufs-) Alltag.

Vorgehen: Wenden Sie die Technik des suchenden Lesens nun auf Sach- und Informationstexte aus **Ihrem** Alltag an, um auf diese Weise enorm viel Zeit und Nerven zu sparen. Befreien Sie sich so systematisch von Leseballast, der Ihnen keinen Nutzen bringt, vor allem auch innerhalb der Texte.

Das überfliegende Lesen

Viele von uns haben sich in der Ausbildung oder im Studium Lesetechniken erarbeitet, mit denen man der Literaturfülle Herr geworden ist. Diese Techniken unterscheiden sich erheblich von der Art des Lesens, die Sie in der Grundschule gelernt haben.

So gab es während der Ausbildung und im Studium das diagonale Lesen und ähnliche Techniken und Begriffe. Die große **Gefahr** bei diesen Techniken war und ist jedoch, dass Sie etwas **Wichtiges überlesen** oder sich hinterher immer noch nicht an das Wichtige der Lektüre erinnern konnten. Diese Gefahr können sich heutzutage die wenigsten Menschen an Ihrem Arbeitsplatz leisten. Das **ist** übrigens **der Grund dafür, dass die meisten Personen auch unwichtige Texte viel zu langsam lesen.** Denn: es könnte ja wichtig sein, und sie möchten sich nicht dem Vorwurf aussetzen, etwas überlesen zu haben. Trotzdem hat man das Gefühl, vom Text nichts mitbekommen zu haben.

Überfliegendes Lesen heißt, dass **die Quintessenz** aus der betreffenden Lektüre herausgefunden, **erkannt** und behalten **wird**. So ist es durchaus möglich, dass in einem Fachartikel die Quintessenz beispielsweise nur aus einem einzelnen, aber bedeutungsvollen Satz besteht.

Überfliegendes Lesen bedeutet:
Das Wichtige im Text sofort herausfinden

Diese Technik können Sie im Folgenden detailliert üben.

Günstig für Ihren Lernerfolg wirkt es sich aus, wenn Sie vor diesem Kapitel das Kapitel über das suchende Lesen absolviert haben. Dann wird es Ihnen nämlich leichter fallen, bestimmte für Sie wichtige Worte und Textteile schnell und sicher herauszufinden.

Allgemein versteht man unter dem überfliegenden oder diagonalen Lesen, dass der Text schneller aufgenommen wird. Das funktioniert jedoch nicht ohne weiteres. Wenn wir jemanden fragen, der soeben einen Text diagonal gelesen hat: „Was haben Sie vom Text behalten?“, so lautet regelmäßig die Antwort: „Nichts“ oder „Keine Ahnung“.

Das kann so auch nicht funktionieren. Je schneller Sie ab einer bestimmten Geschwindigkeit lesen, desto weniger können Sie vom Text behalten haben. Zu Betonen ist hier „**ab**“ einer bestimmten Geschwindigkeit. Unter dieser bestimmten Geschwindigkeit bringt Ihnen langsameres Lesen keinen Vorteil.

Überfliegendes Lesen kann nur dann als sinnvoll und effektiv bezeichnet werden, wenn der Leser hinterher mindestens *ein* Detail des Gelesenen behalten hat. Diese Technik soll Gegenstand der kommenden Seiten sein.

Da jedoch die Quintessenz in unterschiedlicher Lektüre an unterschiedlichen Stellen zu finden sein kann, empfiehlt es sich, auf eine besondere Weise vorzugehen.

Nun zur ersten Übung zum überfliegenden Lesen.

Übung überfliegendes Lesen 1

Ziel: Das Variieren der Lesegeschwindigkeit, das Suchen eines Begriffes und das verstehende Lesen der mit diesem Begriff zusammenhängenden Fakten.

Vorgehen: An einer bestimmten Stelle des folgenden Textes wird etwas zum Begriff des „intramuskulären Fettes“ ausgesagt. Bitte gehen Sie nach dem Muster des suchenden Lesens vor, und suchen Sie zuerst diesen Begriff mit hoher Geschwindigkeit. Wenn Sie ihn gefunden haben, lesen Sie alles damit Zusammenhängende. Ist das Thema des „intramuskulären Fettes“ beendet, suchen Sie bitte bis zum Ende des ganzen Textes weiter, ob erneut etwas zu diesem Begriff ausgesagt wird. Erst danach beantworten Sie bitte die Frage.

Text:

Fleischqualität aus physiologischer Sicht

Prof. Richard Claus von der Universität Hohenheim erklärte in Hänigsen, aus physiologischer Sicht bedeuten die Reduzierung des Fettanteiles und die Steigerung der Fleischfülle einen erheblichen Eingriff in die physiologischen Abläufe im Tier. So sei durch Züchtung auf Fleischfülle das körpereigene Hormonsystem in Schweinen so verändert worden, dass nun „anabole Hormone“ dominierten. Sie förderten den Eiweißansatz auf Kosten des Fettansatzes. Diese körpereigenen Hormone wiederum hätten Konsequenzen für den Muskelstoffwechsel. Im Muskel habe ursprünglich eine ausgewogene Mischung funktionell unterschiedlicher Muskelfasertypen vorgelegen.
Die starke Förderung der Fleischfülle habe zu einem extrem hohen Anteil jener Fasern geführt, die als Endprodukt ihres Energiestoffwechsels Milchsäure bildeten. Diese Milchsäureanhäufung sei der wichtigste Auslöser für unerwünschte Abweichungen bei der Fleischreifung wie beispielsweise PSE. Diese mangelhafte Fleischreifung führe dazu, dass das Fleisch nach der Zubereitung trocken und zäh sei. Grundsätzlich habe die aus ernährungsphysiologischen Gründen zunächst erwünschte Reduzierung des Fettanteils unerwünschte Folgen für den Genusswert, wenn sie zu weit getrieben werde.
Die fettreduzierende Funktion der körpereigenen anabolen Hormone betreffe nämlich das Fettgewebe in unterschiedlichen Körperregionen nicht gleichmäßig. Insbesondere werde der Ansatz des „unsichtbaren“ intramuskulären Fettes zuerst verhindert und dann erst sichtbares Fett, wie beispielsweise Speck. Intramuskuläres Fett sei aber für die Zartheit und Saftigkeit

und damit den Genusswert des Fleisches schlechthin essenziell. Eine zu weit getriebene Reduzierung des sichtbaren Fettes habe damit zwangsläufig Beeinträchtigungen des Genusswertes zur Folge.[36]

Bitte beantworten Sie jetzt die Fragen.

Frage 1:
Wie wird das intramuskuläre Fett auch im Text genannt?

....

Frage 2:
Wird zuerst der Ansatz des intramuskulären Fettes oder der des sichtbaren Fettes verhindert?

....

Frage 3:
Wofür ist das intramuskuläre Fett beim Fleisch schlechthin wichtig?

....

Frage 4:
Was passiert, wenn das sichtbare Fett zu weit reduziert wird?[37]

....

Wenn Sie alle Fragen beantworten konnten: Herzlichen Glückwunsch!

Bitte achten Sie auch bei der folgenden Übung darauf, dass Sie tatsächlich den größten Teil des Textes suchend lesen und nur bei den Stichwörtern den Text verstehend aufnehmen.

---

36 CMA Absatzberater. Mit freundlicher Genehmigung der Centrale Marketinggesellschaft der deutschen Agrarwirtschaft mbH.

37 Eigentlich sollten Sie diese Frage gar nicht mehr beantworten können. Denn sie gehört nicht mehr zum engen Kern des intramuskulären Fettes. Wenn Sie trotzdem hier die richtige Antwort hingeschrieben haben, dann haben Sie den Text wahrlich genau verstanden.

Übung überfliegendes Lesen 2

Ziel: Das Variieren der Lesegeschwindigkeit, das Suchen eines Begriffes und das verstehende Lesen der mit diesem Begriff zusammenhängenden Fakten.

Vorgehen: An einer bestimmten Stelle des Textes wird etwas über „längere Aufenthalte" ausgesagt. Bitte suchen Sie diesen Begriff, und lesen alles damit Zusammenhängende. Ist das Thema beendet, suchen Sie bitte mit höherer Lesegeschwindigkeit weiter, ob auch etwas zu möglichen „Fehlern" ausgesagt wird. Danach beantworten Sie bitte die Fragen.

Text:

Lateinamerika

Der Begriff „Lateinamerika", ein Überbegriff für alle Länder Mittel- und Südamerikas, umfasst eine Vielzahl von Ländern, denen trotz großer individueller Unterschiede eine lateinische Sprache (also Spanisch, Portugiesisch, in kleinen Teilen auch Französisch) und eine „lateinisch" geprägte Kultur und Lebensart gemeinsam ist. Es wäre sinnlos, in wenigen Zeilen eine verallgemeinernde Beschreibung dieser lateinamerikanischen Lebensart zu versuchen, deshalb will ich mich darauf beschränken, hier einige zusammenfassende Tipps für Reisen privater und vor allem geschäftlicher Art zu geben.

Vor längeren Aufenthalten sollten wir uns genau nach den Lebensbedingungen im betreffenden Land erkundigen, und zwar bei den Botschaften oder Konsulaten der entsprechenden Länder, beim Institut für Auslandsbeziehungen, beim Bundesverwaltungsamt, beim Ibero-Amerika-Verein und bei den einzelnen Ländervereinen, deren Adressen bei den entsprechenden Ländern aufgeführt sind. Worüber sollten wir uns ins Bild setzen?

1. Preise, Mieten, Lebenshaltungskosten usw.
2. Rechtliche Besonderheiten (Einreisebestimmungen, Arbeitsrecht, Steuerrecht)
3. Klima, Ernährung, ärztliche Betreuung
4. Schulverhältnisse (deutsche Schulen am Platze, Aus- und Fortbildungsmöglichkeiten auf Fachschulen, Universitäten)
5. Persönliche Sicherheit im Haus und auf der Straße
6. Möglichkeiten und Kosten der Freizeitgestaltung
7. Mitgliedschaft in Clubs und anderen Gemeinschaften
8. Landesübliche Trink- und Essgewohnheiten
9. Aufmerksamkeiten und Geschenke.

Dabei sollten wir davon ausgehen, dass von Land zu Land die Fragen verschieden beantwortet werden. Vermeiden wir in jedem Falle den Hauptfehler aller Lateinamerika-Besucher, die der Auffassung sind, dass alle Länder Lateinamerikas sich sehr ähneln. Jedes Land hat ein eigenes Selbstverständnis, eine eigene Form des Verhaltens und der Begegnung mit dem Besucher. Starke Unterschiede bestehen auch zwischen Hauptstädten und industriell entwickelten Regionen einerseits und den weiten ländlichen Gebieten andererseits. Im Übrigen ändern sich in Lateinamerika insbesondere die finanziellen Gegebenheiten (Ölpreis-Entwicklung) dauernd, und wir sollten uns deshalb immer um aktuellste Informationen bemühen.[38]

Bitte beantworten Sie jetzt die Fragen:

Frage 1:
Was sollte man vor längeren Aufenthalten in Lateinamerika tun?

....

Frage 2:
Was ist der Hauptfehler aller Lateinamerika-Besucher?

....

---

38 H. Commer: Knigge International, ECON Taschenbuch-Verlag, Düsseldorf, Seiten 154, 155. Abdruck mit freundlicher Genehmigung des ECON-Verlag, Düsseldorf.

Wenn Sie künftig auf diese Art Ihren Literaturberg bewältigen, werden Sie viel Zeit einsparen können. **Sie belasten sich beim Lesen nicht mehr mit Unwichtigem.** Gleichzeitig werden Sie nichts Wichtiges überlesen. Sie behalten von jedem Text die Quintessenz. Das ist das Wichtige. Achten Sie schon während des schnellen Lesens darauf, was für Sie an dem jeweiligen Text wichtig ist und was Sie behalten möchten.

Gehen Sie bei Zeitungen, Zeitschriften, Fachbüchern, Gesetzen, Entscheidungsvorlagen – kurz bei jeder Fachliteratur – auf diese Art vor:

1. Überlegen, was Sie in der speziellen Literatur interessiert.
2. Suchen Sie die betreffenden Stichworte in der Literatur.
3. Lesen sie die betreffenden Textteile verstehend durch.

Anschließend wissen Sie, was zu den Sie interessierenden Themen ausgesagt wird, und Sie haben die momentan eher uninteressanten Textteile erfolgreich ausgespart.

Optimierung des überfliegenden Lesens

In der vorigen Übung haben Sie zuerst den Text gelesen und dann die Fragen beantwortet. In vielen Fällen, vor allem beim beruflichen Lesen, lässt sich jedoch schon **vorher mit einer gezielten Frage** in den Text gehen. Konkret heißt dies in unserem Beispiel, dass Sie sich über die Algenblüte informieren und wissen möchten, wo sie auftritt und wie sie künftig verhindert werden könnte. Fragen Sie sich zugleich, ob Sie an allgemeinen Antworten oder an Detailwissen interessiert sind. Wenn Sie mit diesen konkreten Fragestellungen zu lesen beginnen, **arbeiten Sie noch gezielter und damit schneller**. Ob sie eine allgemeine Antwort oder eine detaillierte Antwort haben möchten, können Sie gegebenenfalls auch beim Überfliegen entscheiden. Manchmal stellt man erst beim Lesen fest, ob der Text überhaupt Detailwissen bietet. Idealerweise stellen Sie sich **vor** dem überfliegenden Lesen eine oder mehrere gezielte Fragen, die Sie dann beim Überfliegen zu den entsprechenden Antworten führen werden.

Leseziele werden vor dem Lesen gesetzt!

Nun kann es durchaus vorkommen, dass Sie ein **Dokument** erhalten, **bei dem Sie auf den ersten Blick nicht erkennen können, worum es geht**. **Einen solchen Text sollte man in der Regel nicht komplett durchlesen.** Das wäre wohl in vielen Fällen Zeitverschwendung. Wie soll man sich da eine Frage zum Text stellen? In einer solchen Situation ist die **S-Kurve** sehr hilfreich. Sie ist ein einfaches Mittel, um schnell einen groben Einblick zu erhalten. Fahren Sie mit den Augen in einer Bewegung über den Text, die einem großen umgedrehten S gleicht und schnappen Sie dabei auf, was Sie können.

Der Staatssekretär begrüßte, dass es auf der anderen Seite inzwischen eine ganze Reihe von Unternehmen in den neuen Bundesländern gebe, die sehr zuversichtlich in die Zukunft blicken könnten. Dies gelte insbesondere für Unternehmen, die durch die Treuhand privatisiert wurden und mit westlichen Firmen zusammengegangen seien.
Der Handel habe erfreulicherweise das anfängliche Zögern gegenüber den Produkten aus den neuen Ländern weitgehend überwunden und die Zugkraft der ostdeutschen Spezialitäten erkannt und genutzt, und zwar sowohl in den neuen als auch in den alten Bundesländern. Hier spiele das Verbundenheitsgefühl zu heimischen Produkten eine entscheidende Rolle. Erfreulich sei ebenfalls, dass die Vergabe des CMA-Gütezeichens für Ostprodukte rapide zunehme. Diese Prämierungen würden einen enormen Leistungsansporn auslösen.

Probieren Sie die S-Kurve jetzt gleich an ein oder mehreren eigenen Texten aus. Vielleicht liegt gerade eine Zeitung in Ihrer Nähe. Nach der S-Kurve besitzen Sie noch kein Detailwissen. Das ist zu diesem Zeitpunkt auch gar nicht gewollt. **Sie haben jedoch genügend Informationen aufgeschnappt, um grob zu wissen, worum es geht und um sich schon eine Frage zum Text stellen zu können.**

Übung überfliegendes Lesen 3

Ziel: Übertrag der Technik auf das Lesen im (Berufs-) Alltag.

Vorgehen: Wenden Sie die Technik des überfliegenden Lesens nun auf Sach- und Informationstexte in **Ihrem** Alltag, mit und ohne Kombination mit der S-Kurve, an, um auf diese Weise enorm viel Zeit und Nerven zu sparen. Befreien Sie sich so systematisch von Leseballast.

Die Blitz-Methode

Mit der Blitz-Methode wird es Ihnen möglich sein, extrem schnell zu lesen, weil Sie schon während des Lesens mitdenken. Sie heißt deshalb Blitz-Methode, weil sie an blitzhaftes Denken erinnern soll. Sie besteht aus maximal vier Schritten, von denen je nach Bedarf einer, mehrere oder alle Schritte angewendet werden. Es kann hilfreich sein, die Reihenfolge einzuhalten. Dies ist jedoch nicht zwingend erforderlich. **Die einzelnen Schritte helfen, sich schon während der Informationsaufnahme über den Wert des Gelesenen und die Folgen klar zu werden.** Das verhindert auch das gedankliche Abschweifen. Hier die vier Schritte:

1. Wo sind für mich die Hauptaussagen?
2. Was möchte der Autor ausdrücken?
3. Welche Einzelheiten sind für mich wichtig?
4. Was möchte ich aktiv behalten und umsetzen?

1. **Wo sind für mich die Hauptaussagen?**
   Die Hauptaussagen müssen Sie in jedem Fall erkennen. In guten Zeitschriften/Zeitungen ist die Hauptaussage schon im Titel zu erkennen. Manchmal sind die Hauptaussagen im Text versteckt. In der Regel sind sie jedoch leicht aufzuspüren. Sie sind fett gedruckt oder kursiv, eingerückt oder mit Aufzählungszeichen versehen. Nicht alle Punkte sind für den Leser die Hauptaussagen. **Hier gilt es nach Ihrem jeweiligen bzw. momentanen Interesse oder Hauptaugenmerk auszuwählen.**

2. **Was möchte der Autor ausdrücken?**
   Der Autor möchte immer etwas ausdrücken. Das ist nützlich bei Kommentaren in Zeitungen. Jedoch ist dies auch in Fachzeitschriften und Fachbüchern der Fall. **In der Regel ist die Aussage des Autors leicht zu erkennen** – in der Zusammenfassung, dem Ausblick oder in den ersten Sätzen der Lektüre. Wenn das Anliegen des Autors jedoch nicht sofort zu erkennen ist – ist etwas Vorsicht geboten. Die Lektüre könnte

dann unter Umständen schlichtweg ungünstig oder gar schlecht geschrieben, irreführend oder vielleicht sogar manipulativ sein.

3. **Welche Einzelheiten sind für mich wichtig?**
   Die Einzelheiten können neu sein, neue Aspekte beinhalten oder einfach nur interessant sein. Welche Einzelheiten für die jeweilige Personen wichtig sind, lässt sich nicht pauschal beantworten. Das ist **individuell unterschiedlich und situationsabhängig.** Möglicherweise gibt es bei mancher Lektüre keine wichtigen Einzelheiten. Dann entfällt dieser dritte Schritt. Das zu erkennen ist ein wichtiger und sehr positiver Fortschritt. Sie ersparen sich dadurch, uninteressante Lektüre zu lesen.

4. **Was möchte ich aktiv behalten und umsetzen?**
   Bei mancher Lektüre muss nichts aktiv behalten oder umgesetzt werden. Daher könnte dieser Punkt (ebenso wie Punkt 3) durchaus situationsbedingt entfallen. Wenn Sie jedoch regelmäßig wenig Zeit zur Verfügung haben und diesen Punkt oft verneinend beantworten, dann könnte es ratsam sein, Ihr bisheriges Vorgehen zu überdenken. Werden Sie von anderen Personen mit uninteressanter Literatur (Fachzeitschriften, E-Mails, Ausarbeitungen) zugemüllt oder haben Sie womöglich Ihre inhaltlichen Prioritäten anders gesetzt als notwendig? In beiden Fällen macht es Sinn, eine Änderung vorzunehmen. **Das aktive Behalten und Umsetzen ist der zentrale Gedanke, der bei jeder Lektüre gedanklich verfolgt werden sollte.**

Diese Technik können Sie nicht nur für das tägliche Lesen von Informationstexten anwenden, sondern ebenso für die Vorbereitung von Vorträgen, Gesprächen und Konferenzen. Sie können die **Vorbereitungszeit** für Vorträge künftig **extrem stark verkürzen** und aus Fachtexten das **Wesentliche schnell herausziehen**.

Setzen Sie künftig stärker sprachliche Höhepunkte für Gespräche und Vorträge aufgrund der herausgefundenen vier Punkte und verfolgen Sie damit den Roten Faden (= Vortragsstruktur). Dies können Sie gleich bei den folgenden Texten ausprobieren:

Übung Blitz-Methode 1:

Ziel: Mit der Blitz-Methode innerhalb von einer Minute die wesentlichen vier Punkte aus dem Text erkennen.

Vorgehen: Während Sie den folgenden Text lesen, überlegen Sie: Welche Hauptaussagen im Text enthalten sind, was der Autor ausdrücken möchte, welche Einzelheiten und was Sie aktiv behalten oder umsetzen möchten. Bitte messen Sie die Zeit und achten Sie darauf, dass Sie **innerhalb von 1 Minute** mit dem Lesen und Durchdenken der vier Punkte fertig werden. Beachten Sie dabei bitte das bisher Gelernte. Lesen Sie den Text keinesfalls Wort für Wort. Möglicherweise entfallen bei diesem eher seichten Text auch die beiden letzten Punkte.

Text:

Shopping schöner ohne Mann

Vor dem nächsten Samstag graut es Lea L. wirklich. Sie muss mit ihrem Leo in die Stadt, er braucht einen neuen Anzug. Und die Illusion, dass ein Mann und eine Frau gemeinsam einen gemütlichen Shopping-Tag verbringen können, hat Lea längst begraben.

Ach, wie herrlich ist es doch, mit einer Freundin durch die Kaufhäuser zu schlendern. In der Hutabteilung bleiben Lea und Elfriede regelmäßig hängen, zerstören mit allen Arten von Kopfbedeckungen ihre Frisuren, lachen sich schlapp und kaufen dann doch nichts. Mit der völlig überflüssigen Bemerkung „Du hast fünf Hüte und setzt nie einen auf" würde Leo dieses Vergnügen von vornherein boykottieren.

Schwitzend und mit desinteressiertem Blick sitzt er vor der Umkleidekabine und sagt zu allem „Ja, ganz nett“, weil er meint, damit Leas Kaufentscheidungen zu beschleunigen. Aber sie hat längst durchschaut, dass es ihn in die Hifi-Abteilung zieht. Dort ist er plötzlich wieder hellwach und kann stundenlang die neuesten technischen Errungenschaften bewundern. Nein, Lea nimmt Leo als Kleiderkauf-Berater schon lange nicht mehr ernst.
Er dagegen schätzt ihren aufmunternden Rat durchaus. Außerdem kann er sich so unwichtige Dinge wie seine Schuh-, Wäsche – oder Anzuggröße einfach nicht merken. Wenn er sich in Sakkos der Größe 48 zwängt – wahrscheinlich war das die Größe seines Konfirmationsanzuges, und das Langzeitgedächtnis funktioniert bei vielen Menschen besser als das kurzzeitige – wittert er regelmäßig eine Verschwörung, wenn Lea und drei Verkäuferinnen gleichzeitig behaupten, die Ärmel seien zu kurz und über den Rücken spanne das gute Teil.
Leider hängen bei der richtigen Größe wieder ganz andere Modelle, und die Qual der Wahl beginnt von vorne. Sich in engen Kabinen aus- und anzuziehen ist sowieso Folter für jeden Mann. Am liebsten wäre es Leo, Lea könnte seine Sachen anprobieren, und er müsste nur den Daumen heben oder senken. Auch bei den Schuhen greift er zielsicher nach den erstbesten Tretern, die ihm gefallen und ist beleidigt, wenn sie in seiner Größe nicht da sind.

Ist man nach vielen anstrengenden Stunden des Sichtens und Kaufens kreuzlahm, fände Lea den Ausklang in einem kleinen Cafe schick, Leo dagegen zieht es eher an den Zapfhahn einer Lokalbrauerei.
Es gibt bestimmt viel Schönes, was Mann und Frau gemeinsam machen können. Stadtbummeln gehört nicht dazu.[39]

Übung Blitz-Methode 2:

Ziel: Wie vorige Übung.

Vorgehen: Während Sie den folgenden Text lesen, überlegen Sie wieder: Welche Hauptaussagen im Text enthalten sind, was der Autor ausdrücken möchte, welche Einzelheiten und was Sie aktiv behalten oder umsetzen möchten. Bitte messen Sie die Zeit und achten Sie darauf, dass Sie **innerhalb von 1 Minute** mit Lesen und dem Durchdenken der vier Punkte fertig werden. Auch diesen Text bitte nicht Wort für Wort lesen.

Text:

Pilze sind ausdauernde, meist unsichtbare, mikroskopisch feine Geflechte, die den Waldboden, totes oder lebendes Holz und vielerlei organische Abfälle besiedeln. Was wir als Pilze wahrnehmen, sind lediglich die Fruchtkörper, die, ähnlich den Früchten der Bäume, die Aufgabe haben, ihre Vermehrungsorgane, die Sporen zu erzeugen und zu verbreiten.

39 B. Hess: Shopping schöner ohne Mann, Stuttgarter Zeitung Nr. 36, 12.02.2002 Teil: Hier in Fellbach, Seite 1.

Pilze gehören weder zum Tier- noch zum Pflanzenreich, sondern bilden ein eigenes Reich, in der Fachsprache Funga genannt. Von den Pflanzen unterscheiden sich die Pilze durch den Aufbau der Zellwände, aber auch dadurch, dass sie nicht zur Photosynthese befähigt sind. Ihren Energiebedarf decken die Pilze durch Stoffaustausch mit Symbiosepflanzen oder durch Abbau toter organischer Materie. Von den Tieren grenzen sie sich grundsätzlich dadurch ab, dass sie sich nicht fortbewegen können. Eine Ausnahme bilden die Schleimpilze, die dies doch können und die aktiv auf Nahrungssuche gehen. Folgerichtig wurden sie auch vor einiger Zeit als dem Tierreich zugehörig anerkannt.

Gäbe es keine Pilze, würde der Wald in kürzester Zeit an seinem eigenen „Müll" ersticken. Denn neben Bakterien haben nur Pilze die Fähigkeit, organische Substanz wieder in ihre Grundbestandteile zu zerlegen und diese so als Nahrungsgrundlage für Nachfolgeorganismen verfügbar zu machen. Neben Holz werden auch das Falllaub und die Nadeln der Wälder, Mist, tote Insekten, Gewölle, Horn, Holzkohle, Pappe und tote Gräser besiedelt und zerlegt.

Einige, teilweise bizarr anmutende Arten sind auf ganz bestimmte Substrate spezialisiert und besetzen denkbar enge Nischen im ökologischen Gefüge. Als Beispiel mag hier die Puppenkerneule dienen, deren leuchtendorange Fruchtkörper in toten, vorjährigen Insektenpuppen heranwachsen.

Die meisten Arten sind Fäulnisbewohner. Sie besiedeln und zersetzen tote organische Materie. Eine kleine Anzahl lebt parasitisch. Diese befallen und schädigen lebende Organismen, zumeist Bäume. Unter ihnen sind so gefürchtete Forstschädlinge wie der Wurzelschwamm und der Hallimasch, die ihren Wirt aggressiv attackieren und oft recht schnell töten. Es gibt aber auch eher „geruhsame Mörder", die mit ihrem Wirt viele Jahre ausharren und schließlich zusammen mit ihm zugrunde gehen.

Ein Beispiel hierfür ist der Pflaumen-Feuerschwamm, von dem nahezu jeder ältere Pflaumenbaum befallen ist. Der Baum lässt sich aber vom Pilz kaum in seiner Früchteproduktion beeinträchtigen. Nicht wenige Pilze haben sich ihresgleichen als Wirt ausgesucht. So findet man sehr oft Filzröhrlinge mit einem zunächst weißen, später leuchtend goldgelben Schimmelbefall.

Es handelt sich hier um den Goldschimmel. Mykorrhizapilze schließlich sind die Arten, die mit Bäumen, aber auch mit Gräsern und anderen Pflanzen in einer Lebensgemeinschaft leben. Mit ihrem Geflecht umspinnen sie die Feinwurzeln ihrer Lebenspartner und ermöglichen so einen intensiven Nährstoffaustausch zu beiderseitigem Nutzen.

Der Pilz nimmt sich verschiedene Nährsalze, die er für sein Wachstum benötigt und ermöglicht im Gegenzug dem Baum eine effizientere Aufnahme des Bodenwassers und der darin gelösten Stoffe. Die Wurzelsymbiose nützt dem Baum auch durch eine Stärkung der Abwehrmechanismen gegen Krankheitserreger.

> Mykorrhizierte Bäume sind ungleich vitaler und gesünder als Bäume ohne Pilzpartner. Inzwischen hat man die immense Bedeutung der Mykorrhiza für die Forstwirtschaft erkannt und versucht, sie nach Kräften zu fördern. Gleichwohl sind es die Mykorrhizapilze, die am stärksten zurück gehen. Sie sind sehr empfindlich gegen Umwelteinflüsse.[40]

Sicher konnten Sie die 4 Punkte bei dieser zweiten Übung beachten. Sind Sie auch innerhalb von einer Minute fertig geworden? Wenn nicht, empfiehlt es sich, diese Art von Übungen mit Ihrer persönlichen Fachliteratur zu machen (mit Fachzeitschriften, Kapiteln aus Fachbüchern, Firmenberichte, Abteilungsunterlagen). Ziel ist immer, in sehr kurzer Zeit fertig zu werden – auch wenn es nicht immer innerhalb einer Minute klappt.

Welche Überlegung man beim Lesen immer anstellen sollte ist: **Ist der weitere Text noch relevant für mich?** Wenn Sie diese Überlegung versäumen, werden Sie körperlich lesen, aber geistig abschweifen. Dann wissen Sie am Ende einer Seite nicht mehr, was Sie soeben gelesen haben. Es war dann Zeitverschwendung. Daher beachten Sie bitte künftig die Blitz-Methode noch stärker als bisher und trainieren Sie sich darin, hier Meister zu werden.

Übrigens: Wenn Sie gerne zusätzliche Informationen zum besseren Behalten der gelesenen Informationen hätten, finden Sie diese in späteren Kapiteln. Doch zuerst einige Tipps, wie Sie besondere Texte rationell lesen.

---

40 K. Montag: Pilze, Kosmos, Seiten 5 ff.

Rationelles Lesen von besonderen Texten

Nicht alle Texte sind in der Spaltenbreite zwischen 5,5 cm und 7 cm geschrieben. Insbesondere bei Büchern, Briefen und innerbetrieblichen Mitteilungen kommen häufig sehr breite Textspalten vor. Hier hilft es nicht, dass Sie die Zeile einmal in der Mitte fixieren. Die Blickspanne reicht da bei weitem nicht aus.

Breite Texte mit Rhythmus leichter lesen

Bei Literatur, die eine große Spaltenbreite aufweist, benötigen Sie mehr Fixierungen pro Zeile – manchmal zwei oder sogar vier bei sehr langen Zeilen. Damit Sie auch hier schnell lesen können, zuerst eine Vorübung.

Übung Fixierungen bei langen Zeilen 1

Ziel: Mehr Fixierungen pro Zeile einüben.

Vorgehen: Bitte lesen Sie die folgenden Wortkombinationen Zeile für Zeile, und schauen nur jeweils einmal kurz auf die Mitte des jeweiligen Wortes (nicht der Zeile!). Sie lesen nun also pro Zeile mit **zwei Fixierungen**. Halten Sie Ihren Kopf still. Lassen Sie sich nicht so viel Zeit für das Wahrnehmen und Verstehen eines Wortes. Lesen Sie schnell und zügig.

Ursache trennen

harmlos Materie

Neigung riechen

gestern Ausflug

klingen Gedanke

Oktober geistig

winzig kichern

anfangs Schweiß

Gewerbe pflegen

liefern wie viel

verehrt Stimmen

seufzen wertvoll

Übung Fixierungen bei langen Zeilen 2

Ziel: Mehr Fixierungen pro Zeile einüben.

Vorgehen: Wie vorige Übung, jedoch lesen Sie nun pro Zeile mit **drei Fixierungen**. Bitte den Kopf beim Lesen nicht bewegen. Lassen Sie sich nur wenig Zeit für das Wahrnehmen und Verstehen eines Wortes und gehen Sie zügig vor.

Neigung kichern Taschen

winzig harmlos Materie

Gedanke Flaschen riechen

Verbote gestern Ursache

Auswahl klingen Neigung

geistig Oktober Gebote

pflegen Botschaft trennen

Kommerz anfangs Schweiß

Sitten Gewerbe Verbindung

liefern Einrichtung wie viel

Erklärung verkehrt Stimmen

seufzen Währung wertvoll

Tradition Auftrag Schwanz

Hebel lösen Erbe

vielfältig Hemmungen Risiken

Diese soeben praktizierte Technik brauchen Sie jetzt nur noch auf breite Texte, beispielsweise in Büchern oder andere Texte zu übertragen.

Probieren Sie es einmal aus. Lesen Sie den folgenden breit geschriebenen Text mit drei Fixierungen pro Zeile und versuchen Sie damit auszukommen. Nur wenn das nicht funktioniert oder wenn Sie mit Ihrem Erfolg unzufrieden sind, gehen Sie bitte dazu über, mit 4 oder sogar mit 5 Fixierungen pro Zeile zu lesen. Das bedeutet, dass Sie umso mehr Fixierungen machen müssen, je breiter der Text ist. Dennoch ist diese Anzahl von Fixierungen niedriger als die Anzahl, mit der Sie Ihr Training mit diesem Buch begonnen haben.

Denken Sie daran:

Machen Sie so viele Fixierungen pro Zeile wie nötig, jedoch nicht mehr als nötig.

Übung Fixierungen bei langen Zeilen 3

Ziel: Texte mit langen Zeilen mit Hilfe von mehreren Fixierungen pro Zeile schnell aufnehmen.

Vorgehen: Bitte lesen Sie den folgenden Text und machen Reihe für Reihe nur **drei Fixierungen**. Wenn Sie diese Fixierungen in Höhe der Pfeile machen, haben Sie es vermutlich einfacher. Ihren Kopf bewegen Sie bei der Übung bitte nicht.

Text:

Dominanz der Religion

Die Allgegenwärtigkeit der moslemischen Religion im Leben islamischer Staaten und der moslemischen Bevölkerung muss jedem von uns bei Geschäfts- oder Studienreisen in arabische Länder bewusst sein.

1. Fastenmonat Ramadan: Jedem gläubigen Moslem ist während des Fastenmonats von Sonnenaufgang bis Sonnenuntergang jeglicher Genuss von Speisen und Getränken verboten.
2. Fünfmaliges Gebet: Wir sollten schon aus Taktgefühl keinen Moslem bei der Ausübung seiner Gebetspflicht stören oder ihn gar an seiner Gebetsausübung hindern.
3. Geduld: Denken wir immer daran, dass man in Arabien sagt: „Gott hat die Zeit erfunden, von Hast und Schnelligkeit war nie die Rede". Also mehr noch als in allen anderen Ländern gilt: Geduld und nochmals Geduld.
4. Diese geringe Bindung an Termine soll uns nicht dazu verführen, unsererseits leichtfertig mit Terminen umzugehen. Die Deutschen werden unter anderem deshalb in arabischen Ländern so geschätzt, weil man mit der Einhaltung der Termine rechnen kann.[41]

Bitte **gehen Sie** in der nächsten Zeit **bei sehr breiten Texten grundsätzlich so vor**, dass Sie eine bestimmte Anzahl von Fixierungen pro Zeile machen. Dann **stabilisiert sich diese Technik** und Sie müssen bald nicht mehr darüber nachdenken. Würden Sie dagegen in dieser Anfangszeit des konzentrierten Lesens die Fixierungen nicht so bewusst setzen, kämen Sie leicht wieder zum Wort-für-Wort-Lesen. Wie Sie wissen, kostet das jedoch nur noch mehr Zeit und bringt Ihnen kein zufriedenstellendes Textverständnis.

---

41 H. Commer: Knigge International, ECON Taschenbuch-Verlag, Düsseldorf. Abdruck mit freundlicher Genehmigung des ECON-Verlag, Düsseldorf.

Der Leserhythmus

Wenn Sie bei Spaltentexten pro Zeile eine Fixierung machen ergibt sich keine Notwendigkeit, einen Rhythmus einzuhalten. Sie fixieren einfach ungefähr die Mitte jeder Zeile. Bei breiteren Texten kommen Sie mit dieser einen Fixierung pro Zeile nicht aus. Hier ist ein **Leserhythmus** hilfreich.

Bitte lesen Sie nun den letzten Text („Dominanz der Religion") erneut und versuchen Sie eine Gleichmäßigkeit bei den Fixierungen einzuhalten. Ein Metronom als Hilfsmittel wird Sie vermutlich ablenken. Manche jedoch mögen ihn. Einen Stift von oben herab als **Taktgeber** zu verwenden, macht anfangs durchaus Sinn. Gewöhnen Sie sich bitte an ein **rhythmisches Fixieren** der breiteren Zeilen. Nach einer kurzen Eingewöhnungszeit wird Ihnen das beim Verständnis des Textes helfen. Zum anderen haben Sie dann die Möglichkeit, im Laufe der Zeit Ihre Lesegeschwindigkeit schrittweise anzuziehen.

Lesen Sie weiterhin unrhythmisch, wird es Ihnen ab einer bestimmten Geschwindigkeit sehr schwerfallen, diese weiterhin zu steigern. Eine **rhythmische Augenbewegung** lässt sich in der Geschwindigkeit **sehr leicht beschleunigen,** eine **unrhythmische Bewegung** dagegen **nur bis zu einem gewissen Punkt**.

Texte mit langen Sätzen leichter lesen

Lesen Sie Texte mit langen Sätzen oder Schachtelsätzen eher etwas **schneller**. Auf keinen Fall zu langsam. Ihr **Ultrakurzzeitgedächtnis** ist, wie der Name schon sagt, ultrakurz. Wenn der erste Teil eines langen Satzes nicht richtig eingeordnet werden kann, weil der zweite Teil noch nicht „reinkam", erfolgt unter Umständen eine Fehlbewertung. Die Wahrnehmung sortiert ihn aus. Dann kommt der zweite Teil des Satzes, der ohne den ersten Teil wiederum keinen Sinn macht, und wird ebenfalls aussortiert. Die Folge ist, man liest solche Sätze erneut.

Lesen Sie Schachtelsätze schneller, so kommt der gesamte Inhalt des Satzes in den Arbeitsspeicher, kann dort richtig bewertet und somit besser aufgenommen werden. Probieren Sie es aus! Lesen Sie Ihre Texte mit langen Sätzen einfach einmal extrem langsam und beobachten Sie, was passiert.

Das richtige Markieren

Der Markiervorgang

Textmarker werden viel und gerne benutzt. Nur, plötzlich sind **zu viele Teile** des Textes **gelb** markiert. Kennen Sie das ebenfalls? Der Text wurde nicht übersichtlicher und vom Inhalt wurde nicht mehr behalten.

Üblicherweise wird sofort beim Lesen markiert. Wer Textinhalte markiert, bearbeitet den Text gedanklich intensiver. So lautet die richtige Theorie. Mit der falschen Markiertechnik wird Markieren jedoch zu einem **fast vollautomatischen Prozess**, den man bewusst gar nicht wirklich mitbekommt. Der **Textinhalt geht verloren**. Somit wird auch viel zu wenig behalten. **Bei einer anderen Markiertechnik – bleiben die wichtigen Stichwörter leichter und länger im Gedächtnis haften**.

Richtig markieren in 4 Schritten

1. **Thema** erfassen (Überschrift, Kapitelüberschrift, Fettgedrucktes, Zusammenfassung)
2. Text **lesen** (entweder genau oder überfliegend)
3. **Pause** machen, Inhalt überdenken
4. Erst dann Oberbegriffe/Merksätze **gezielt markieren**

Sehr gerne werden auch Namen statt Inhalte markiert. Dies ist nur dann sinnvoll, wenn die Namen eine besondere Rolle spielen.[42]

Richtig markieren Sie dann, wenn Sie den Text erst lesen, für einen kurzen Moment eine Konzentrationspause machen, dann kurz überlegen, welche Aussagen im Text gemacht wurden, die für Sie bedeutsam sind und diese dann erst markieren. **Wichtig ist die kurze Konzentrationspause!**

42 Manchmal wird immer noch vermittelt, dass Markieren an sich nicht sinnvoll sei. Dann werden Beispiele angeführt, die bei einzelnen Organisationsstrukturen zu Fehlleitungen von Dokumenten führen. In Verteilzentren kann dies zutreffen. Es spricht jedoch nicht grundsätzlich gegen das Markieren. Machen Sie sich selbst ein Bild: Ausprobieren und erkennen, dass bei richtigem Markieren ein stark verbesserter Behaltens-Effekt eintritt.

Es mag banal klingen: Nur eine extreme Minderheit der Bevölkerung würde Teile der Tageszeitung markieren. Das heißt: Wir möchten nur die Inhalte markieren, die uns wichtig sind und die wir später schnell wiederfinden möchten. **Wer zu viel markiert, trifft keine effiziente Auswahl.**

Wer sich wichtige Texte merken will, wird mit einmaligem Durchlesen nicht unbedingt erfolgreich sein. Es hängt selbstverständlich auch mit davon ab, ob die Inhalte bekannt sind und nur eingeordnet werden müssen oder ob es sich um völlig neue Inhalte handelt. Ohne erneutes Durchdenken wird nichts oder zu wenig in seinem Gedächtnis haften bleiben. Das wiederholte **Durchdenken** ist das **Signal fürs Gehirn**, **dass** der Inhalt **behaltenswert** ist. Bitte lesen Sie wichtige Texte also grundsätzlich zuerst aufmerksam durch. **Erst danach** streichen Sie mit dem Marker den Text wie besprochen an. Durch das erneute Durchgehen des Textes bleiben die wichtigen Teile besser haften, da das erste wichtige Signal zum Merken gesetzt wurde. Das können Sie beim folgenden Text ausprobieren.

Übung zum richtigen Markieren

Bei diesem Text fehlt absichtlich die Überschrift, so dass Sie zuerst den Text überfliegen, um zu erfahren, worum es überhaupt geht. Gehen Sie also bitte in dieser Reihenfolge vor:

1. **überfliegen** (z. B. die S-Kurve anwenden - siehe Ende des Kapitels „Das überfliegende Lesen“), so bekommen Sie einen Eindruck, worum es sich handelt. Dann

2. **lesen** Sie den Text durch. Nun machen Sie eine

3. **kurze Pause** – um die Inhalte kurz zu durchdenken. Erst danach

4. **markieren** Sie die Teile des Textes, die Ihnen wichtig erscheinen!

Die kurze Pause aus Schritt 3 macht den Unterschied!

Im tropischen Dschungel von Zentralborneo leben mehrere Völkerschaften, einige ohne festen Wohnort, andere als sesshafte Dorfbewohner. Zu den sesshaften gehören die Kajan, die über das Territorium verstreut in Gemeinschaften an den Flussufern wohnen. Vor mehr als zweihundert Jahren, vor ihrer Zerstreuung in verschiedene Flusstäler, lebten die Kajan ziemlich geschlossen im heute indonesischen Teil von Borneo.
Doch wie weit sie auch auseinander wohnen, die Lebensweise der Kajan ist überall fast dieselbe. Jedes ihrer Dörfer besteht aus einem einzigen Langhaus, einem eindrucksvollen Bau aus Eisenholz, der auf 1,5 bis 4,5 m hohen Pfählen steht und 60 bis 120 m lang ist. In einem solchen Bau finden sich getrennte Wohnungen für zehn bis dreißig Familien, wobei eine Familie bis zu zehn Personen umfassen kann: die Großeltern, ein oder zwei ihrer verheirateten Kinder sowie deren Kinder. Erst wenn die Kinder der verheirateten Geschwister das heiratsfähige Alter erreicht haben, wird der gemeinsame Besitz geteilt und werden getrennte Haushalte gegründet. Jede Wohnung besteht aus zwei kleinen, spärlich möblierten Zimmern.

Wenn Sie nach dieser 4-Punkte-Methode markiert haben, werden Sie die markierten Teile leichter erinnern. Probieren Sie es aus!

Sich auf Inhalte konzentrieren

Werden Inhalte auf die dargestellte Weise markiert, so hat dies mehrere Vorteile: Der Leser ...

1. stößt sofort auf die wichtigen Inhalte,

2. erinnert sich besser an die anderen, ebenfalls markierten Begriffe,

3. erinnert sich zusätzlich und besser auch an die Inhalte, die er nicht markiert hat, da das Markieren ein ganz bewusster Auswahlprozess war.

Dieser letzte Punkt ist wichtig, weil Erwachsene Ihr Gedächtnis anders bedienen als Kinder. Die meisten Erwachsenen haben verlernt, so gut auswendig zu lernen, wie sie es als Kind noch konnten. Außerdem befinden sich Erwachsene in einer anderen Lernsituation als Kinder, die noch nicht in die Schule gehen.

Daher ist es sinnvoll, nicht nur einzelne Wörter, sondern ganze Merksätze zu markieren. Sie transportieren oft schon einen Zusammenhang. Diese Merksätze fallen dann sofort ins Auge und bei nochmaligem Durchblättern der Unterlage bleiben diese Marksätze viel leichter im Gedächtnis haften.

Markieren Sie Merksätze, anstatt einzelner Begriffe.

Fortsetzung der Übung zum richtigen Markieren

Denken Sie nun an den Artikel, den Sie vorhin gelesen und nach einer kurzen Pause auch markiert haben. Beantworten Sie die folgenden Fragen. Sollten Sie nach dem Lesen des Textes unterbrochen haben und daher nun seit dem Lesen schon einige Zeit vergangen sein, so blättern Sie einfach zurück und schauen Sie sich nur kurz Ihre Markierungen an. Die Reaktivierung erfolgt blitzschnell.

- Was wissen Sie noch aus dem Artikel über die Völkerschaft?

Wenn Sie viel markiert haben, wissen Sie auch beispielsweise noch Einzelheiten, wie …

- um welches Volk es sich handelte.
- in welcher Art Häuser die Menschen leben und aus welchem Material die Häuser gebaut sind.
- wie viele Menschen in einem Langhaus leben und aus wie vielen Personen eine Familie besteht.-

Die von Ihnen markierten Textteile haben Sie vermutlich noch im Kopf, obwohl Sie sich zwischenzeitlich auch noch mit den Inhalten zum Markieren beschäftigt haben.

Diese Technik wird Ihnen auch helfen, wenn Sie wissenschaftliche Texte verarbeiten. Sie werden Details viel besser und länger im Gedächtnis behalten und nebenbei auch besser und schneller wiederfinden.

Höhere Konzentration durch höhere Geschwindigkeiten

Kennen Sie folgendes Phänomen: **Sie lesen einen Text, kommen am Ende an und haben das Gefühl, sie hätten ihn überhaupt nicht gelesen; haben dafür aber an alles Mögliche andere gedacht?** Lesen Sie schneller, wird die Konzentration steigen. Wieso ist das so?

Durch zu langsames Lesen wird ihrem Gehirn regelrecht langweilig. Es sendet Ihnen sogar entsprechende Signale: Die Gedanken gehen spazieren, Sie denken an nebensächliche Dinge, Ihnen fallen die Rechtschreibfehler im Text auf ... **ihr Gehirn kümmert sich also um andere Dinge, die momentan nicht gefragt sind, jedoch nicht um den Text an sich**. Dabei können Sie nur sehr schwer die Konzentration auf den Text halten. Dies passiert umso mehr, wenn der Text inhaltlich nicht wirklich auffallend oder ansprechend ist.

Das erklärt auch, warum ein ruhiger Raum bzw. Leseort kein Garant für eine gute Konzentration ist. Die Gedanken kommen mit an den gewählten Ort. Hilfreich ist eine ruhige Umgebung in vielen Fällen dennoch, aber nicht zwingend notwendig.

Sie kennen dieses Phänomen der zu langsamen Geschwindigkeit bestimmt auch aus Vorträgen, Seminaren oder Reden, bei denen der Sprecher bei mäßig bekannten Inhalten sehr langsam spricht. Auch dort kostet es sehr viel Kraft, die Aufmerksamkeit und Konzentration zu halten.

Haben Sie es schon bemerkt? Wenn Sie die Geschwindigkeit beim Lesen in den Übungen erhöht haben, waren Sie weniger abgelenkt und konzentrierter. Wenn Ihnen das noch nicht aufgefallen ist, waren die Übungstexte dafür vielleicht zu kurz für Sie. **Probieren Sie es dann bei eigenen etwas längeren Texten aus.** Variieren Sie mit der Lesegeschwindigkeit und beobachten Sie dabei Ihre Konzentration. Dies sollten Sie **jedoch erst nach den Übungen zur Erweiterung der Blickspanne** tun, denn eine breitere Blickspanne ist Voraussetzung dafür, dass mehr Text in kürzerer Zeit aufgenommen werden kann.

Bietet der Lesestoff inhaltlich wenig Lesereize und die Lesegeschwindigkeit ist zugleich zu langsam, so sind der Ablenkung Tür und Tor geöffnet und das Lesen wird noch schwerer fallen.

Liefern Sie ihrem Gehirn ausreichend Inhalte innerhalb einer gewissen Zeit, so werden Ihnen viele Ablenkungen nicht mehr auffallen und Sie werden automatisch konzentrierter sein. Das Lesen macht dann gleichzeitig mehr Spaß.

Es geht nicht darum, Geschwindigkeitsrekorde zu brechen. Es geht um die ideale Lesegeschwindigkeit beim jeweiligen Text. Ob Sie richtig liegen, wird Ihnen also durch das Maß der Konzentriertheit signalisiert. Ist das nicht super? Wir haben also dafür sogar regelrecht ein eingebautes Warnsystem.

Um noch auf das **Lesen auf Rechtschreibfehler** einzugehen: Wenn Sie einen Text auf Rechtschreibfehler hin prüfen, so empfiehlt es sich, den Text rückwärts zu lesen. Sie nehmen dadurch Ihrem Gehirn den Textzusammenhang und die Wahrnehmung kann nicht so leicht automatisch ergänzen bzw. korrigieren. Dadurch werden Sie mehr Fehler finden als beim normalen Durchlesen.

Ablenkung bewusst steuern

Vielen von uns wurde und wird bis heute bereits im Kindesalter beigebracht, Dinge „**auszublenden**". Das kann manchmal durchaus nützlich sein. **Jedoch kostet es in der Regel Kraft und damit Energie**. Die Ablenkung zieht magisch an. Kennen Sie das auch? Wäre es nicht schön, nicht ausblenden zu müssen und trotzdem nicht abgelenkt zu werden?

Ablenkung und Konzentration sind zwei unterschiedliche Dinge. Wir bezeichnen jedoch häufig im Sprachgebrauch etwas als Konzentrationsproblem, das eigentlich ein Ablenkungsproblem ist. Ein Konzentrationstraining bringt dann wenig oder überhaupt nichts. Auch das wäre also in so einem Falle Energieverschwendung.

Also, was tun, wenn man sich leicht ablenken lässt?

Stellen Sie sich, wenn Sie feststellen, dass Sie sich gerade zu leicht ablenken lassen, folgende Fragen:

1. Was lenkt mich ab?

2. Wie interessant ist das, was gerade als Lesestoff vor mir liegt?

3. Was von beiden ist interessanter?

Wenn Sie sich diese drei Fragen **ehrlich beantworten** und dann eine **bewusste** Priorisierung vornehmen, werden Sie erstens feststellen, dass Sie sehr viel über sich selbst lernen und zweitens Ablenkungssituationen ganz schnell in den Griff bekommen.

Hierzu noch ein Tipp:
Sie werden sich vermutlich in den meisten Fällen zuerst um das Zeitkritischere kümmern. In unseren unbewussten Prozessen verarbeiten wir das niedriger Priorisierte als Versprechen. Was passiert, wenn Ihnen jemand ein Versprechen gibt und nicht einhält? Achten Sie deshalb unbedingt darauf, dass Sie das, was Sie niedriger priorisiert haben auch unbedingt einhalten bzw. tun. Die Vernunft spielt hier eine untergeordnete Rolle.

Wissenschaftliche Texte leichter lesen

Wissenschaftliche und/oder umfangreiche Texte verlangen besondere Beachtung. Zum einen gelten die schon dargestellten Methoden, zum anderen gibt es **weitere Möglichkeiten**, **um** das **Vorgehen zu optimieren:**

1. **Schalten Sie** bewusst **unnötige Störungen aus**, schließen Sie Tür und Fenster.

2. Suchen Sie sich das Interessante anhand des Inhaltsverzeichnisses oder Stichwortverzeichnisses heraus, lesen Sie nur diese Passagen. Dadurch **vermeiden Sie es, Ballast aufzunehmen, der keinen Nutzen für Sie hat**.

3. Mit Hilfe des **suchenden Lesens** nähern Sie sich schnell dem interessanten Begriff und lesen nur das damit zusammenhängende detailliert. Dadurch erhalten Sie sich Ihr Interesse und bleiben gedanklich bei Ihrem Thema, ohne abzuschweifen.

4. Grundsätzlich wichtige Sätze – **Merksätze – notieren, markieren oder anstreichen**. Dadurch finden Sie Interessantes schneller wieder und haben es leichter, später detaillierte und richtige Quellenangaben zu machen. Bei einzeiligem Zeilenabstand **nicht unterstreichen**! Dies stört beim Aufnehmen des Textes.

5. Nach jedem bedeutsamen Absatz legen Sie eine **kurze Pause** ein, und denken darüber nach. Dadurch vernetzen Sie das soeben Gelesene mit schon bekanntem Wissen.

6. **Überlegen** Sie sich die Folgen des Gelesenen. Dadurch machen Sie sich die Bedeutung für sich selbst klar und **denken** im Thema weiter.

7. Bei Zahlen oder bestimmten Abfolgen fertigen Sie sich selbst eine **skizzenhafte Grafik** (klein und eventuell auf der gleichen Seite) an. Dadurch machen Sie sich ein Bild vom Gelesenen, das leichter haften bleibt.

8. Bei vorhandenen Grafiken oder Schaubildern vollziehen Sie diese nach, und prüfen sie auf Schlüssigkeit. Dadurch stellen Sie gleich auch noch sicher, dass Sie die **Zusammenhänge erneut durchdenken.**

9. Wenn die interessanten Passagen vorüber sind, gönnen Sie sich und Ihrer Aufnahme wieder eine **kurze Pause**, und legen die wissenschaftliche Lektüre für einen Moment zur Seite. Dadurch vernetzen Sie das neue Wissen mit Ihren bisherigen Erkenntnissen erneut.

Bei schwierigen wissenschaftlichen Texten stehen wir leicht vor der **Gefahr**, **zu schnell** zu lesen. Das gilt **insbesondere** dann, **wenn** Sie sehr großes **Vorwissen** über den entsprechenden Bereich haben. Das bedeutet jedoch nicht, dass Sie diese Texte deshalb extrem langsam lesen sollten.

In derartigen Fällen ist es sinnvoller, von vorn herein mit **etwas (!) reduzierter** Geschwindigkeit zu lesen und **ganz bewusst Regressionen** zu **vermeiden**. Dann geben Sie Ihrem Gehirn zusätzliche Zeit, das soeben Gelesene zu **durchdenken**. Schweifen Sie dabei mit den Gedanken ab, ist das ein Signal dafür, dass Sie die Geschwindigkeit zu sehr verringert haben.

Es wäre unseriös, eine Richtgeschwindigkeit zu empfehlen oder gar vorzugeben. Bitte probieren Sie unterschiedliche Lesegeschwindigkeiten aus und lesen Sie in Ihrer persönlichen Geschwindigkeit, **bei der Sie wenig oder gar nicht abgelenkt** und damit konzentrierter **sind**.

Wichtiges aus diesem Buch leichter behalten

Zu unseren BrainTrain-Seminaren kommen auch Teilnehmer, die sich selbst auf unterschiedlichen Wegen das schnellere Lesen beibringen wollten. Oft geschah das mit anderen Büchern als dem vorliegenden. Auf die Frage, wie sie vorgegangen sind und mit welchem Erfolg ist die Antwort stereotyp und immer gleich: „Von vorne beginnend gelesen.“ und „Es ist kaum etwas hängen geblieben.“ Auf die Frage „Wie weit sind Sie gekommen?“ lautet die Antwort. „Leider nur wenige Seiten“. Dies ist absolut normal, wenn jemand auf diese Weise vorgeht. Es ist schwieriger, aktiv die Übungen mitzumachen, als sich vom Text „berieseln“ zu lassen.

Deshalb: Wer sich die Übungen herauspickt und eher den Fließtext geschickt vermeidet wird zum Erfolg kommen, im Gegensatz zu denjenigen, die nur darüber lesen und die Übungen vermeiden. Stellen Sie sich einfach vor, Sie lesen ein Buch übers Auto fahren und setzen sich dann in ein Auto mit der Erwartung, fahren zu können...

Aus diesem Grund enthält dieses Buch viele Übungen für Sie. Der Fließtext dient lediglich der Erläuterung. Nur wenn Sie die Übungen absolvieren, wird sich dieses Buch bezahlt machen. Sie bringen die gewünschte Veränderung und den Lernerfolg!

Wenn Sie die Übungen bisher weggelassen haben, dann wäre doch nun eine gute Gelegenheit, diese anzugehen.

Daher haben wir die folgenden Anregungen an Sie, liebe Leserin, lieber Leser:

1. Machen Sie die Übungen mit, und gehen Sie dazu gegebenenfalls erneut an den Anfang des Textes.

2. Halten Sie sich an die Übungsbeschreibungen.

3. Wiederholen Sie die Übungen, bei denen Sie Ihrer eigenen Meinung nach nicht so erfolgreich waren.

4. Vielleicht suchen Sie sich jemanden, mit dem Sie diese Übungen zusammen machen können. Das macht mehr Spaß.
5. Diskutieren Sie mit anderen Personen über die Übungen und über den Erfolg dabei.

Wenn Sie diesen Anregungen nachkommen, werden Sie noch mehr von diesem Buch haben, und Ihre Lesefähigkeiten werden erheblich ansteigen.

Sollten Sie zu den Übungen Fragen haben, die sich nicht von selbst auflösen, so freuen wir uns auf Ihre Nachricht an buecher@braintrain.de.

Das bessere Gedächtnis

Unser Gehirn ist leistungsfähiger, als wir manchmal glauben. Weil unser Gehirn aus zwei Hälften besteht, können Sie noch rationeller mit ihm umgehen.

Die zwei Hälften unseres Gehirns

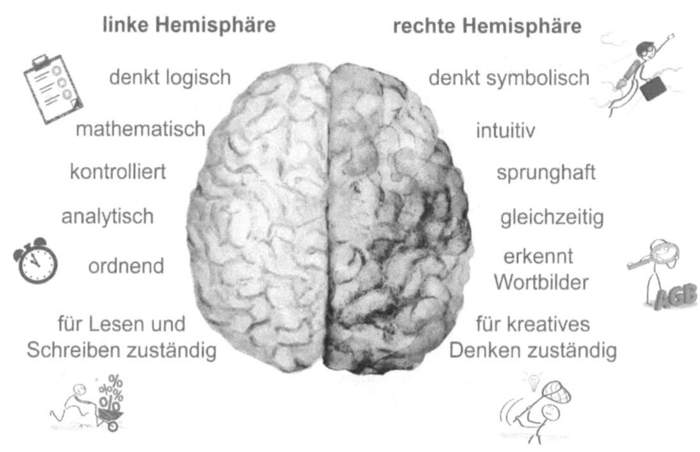

Abb: Die Aufgabenverteilung im Gehirn nach der Hemisphärentheorie

Unser Gehirn besteht aus zwei Hälften (Hemisphären), die unterschiedliche Hauptaufgaben hinsichtlich des Lesens und Lernens haben (dahinter steht die Hemisphärentheorie). Die analytische Verarbeitung und die visuelle Verarbeitung ergänzen sich normalerweise auf wundervolle Art und Weise. Nur scheint uns in der Praxis die eine oder die andere Hälfte immer mal wieder im Stich zu lassen. Damit das nicht mehr so oft passiert, hier einige Informationen für Sie:

Die Annahme einer ganz klaren Aufgabentrennung zwischen den Hemisphären, so wie es die Hemisphärentheorie ursprünglich darstellt, ist überholt. Wissenschaftlich nachgewiesen ist heute auch, dass nicht in jedem Gehirn die rechte Seite die visuell verarbeitende und die linke die analytisch verarbeitende Seite ist. Fest steht jedoch, dass **im Gehirn eine Aufgabenteilung zwischen analytischen und visuellen Prozessen besteht** und diese **in verschiedenen Regionen verarbeitet** werden. Letztendlich ist es für das schnelle Lesen **unwichtig, wo** genau diese Prozesse vor sich gehen. **Wichtig ist, dass** beide Verarbeitungsmöglichkeiten angesprochen werden.

Die visuellen Funktionen sind also hier hauptsächlich für bildhafte Erkennensvorgänge wichtig. Wenn Sie beispielsweise einen Türschlüssel anschauen, wirkt dieser Schlüssel zuerst einmal wie ein Bild für Ihr Gehirn – speziell für Ihre visuell verarbeitenden Regionen. Dort merkt sich Ihr Gehirn den Schlüssel bildhaft. In den analytischen Regionen entsteht dann das Wort Schlüssel, weil sich diese Regionen um Ihren Wortschatz, die Rechtschreibung und die Zuordnung zur Bedeutung des Schlüssels kümmern.

Das bildhafte Denken praktizieren wir schon seit frühester Kindheit. Wir sind zu Anfang unseres Lebens auch sehr erfolgreich mit dieser Technik. Haben Sie schon einmal mit Ihren Kindern Memory gespielt? Haben Sie gegen Ihre Kinder gewonnen? Vermutlich nicht oder nicht lange. Hatten Sie eine Gewinnchance? Kinder verwenden unbewusst das bildhafte Denken und merken sich auf diese Weise alles, was sie möchten. Wir verwenden vorwiegend dieses bildhafte Denken, **bis uns in der Schule beigebracht wird, nicht mehr vorwiegend visuell zu denken, sondern nun verstärkt analytisch zu arbeiten**.

Später im Leben (eindeutig in Anschluss an die Grundschulzeit) trainieren wir also weitgehendst die analytischen Prozesse. Diese sind für das abstrakte Denken und für den Lesevorgang selbst zuständig. Für unser Beispiel bedeutet das, dass wir nur das Wort „Schlüssel“ zu sehen brauchen, um sofort zu wissen, um was es sich handelt. Warum? Weil in unseren visuellen Speichern ein Bild für einen Schlüssel vorhanden und das Wort „Schlüssel“ damit verknüpft ist und somit eine Bedeutung erhält. Das müssen wir uns gar nicht mehr explizit bildlich vorstellen. **Somit ist Lesen nicht nur ein analytischer, sondern ebenso ein visueller Vorgang. Wir erkennen schnell** nicht nur Buchstaben, sondern **ganze Wortbilder**. Deshalb sind sehr hohe Lesegeschwindigkeiten möglich.

Da in der Schulzeit und erst recht im Studium abstraktes Denken stark trainiert wird, ist die Gefahr sehr groß, dass dabei das bildhafte Denken in den Hintergrund gerät und damit dessen Vorteile nicht genutzt werden.

Sie können ganz leicht selbst bemerken, wann Ihre analytischen Funktionen des Gehirns angesprochen werden oder beide Funktionen zu einer Information nicht optimal vernetzt sind. Vielleicht passiert es Ihnen gelegentlich, dass Ihnen für eine Sache nicht der richtige Ausdruck einfällt. Oder: es begegnet Ihnen ein bekanntes Gesicht, und Sie bemühen sich vergeblich, sich an den Namen des Betreffenden zu erinnern. In beiden Fällen haben entweder Ihre analytischen Regionen nicht genug Informationen, oder Sie haben versäumt, den Gegenstand oder das Gesicht des betreffenden Menschen oder besondere Merkmale seines Äußeren mit seinem Namen zu verbinden.

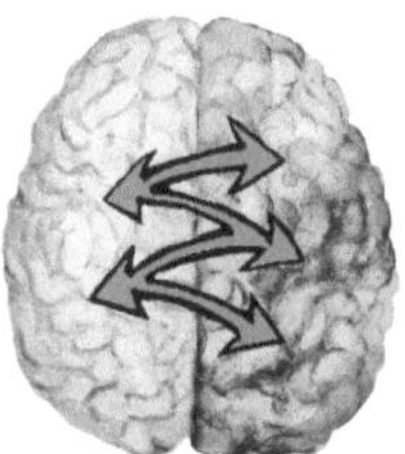

Abb: Die Verbindung beider Gehirnhälften bringt effizientes Lesen und ein gutes Gedächtnis

Die dichte Verbindung oder Vernetzung von Informationen der analytisch arbeitenden Regionen mit Informationen der visuell arbeitenden Regionen bringt Ihnen das gute Gedächtnis. Je besser Sie beide Funktionen miteinander verbinden, desto leichter und besser können Sie sich Informationen merken und in bestimmten Situationen wieder abrufen.

Welche Rolle spielen Wiederholungen?

Der Mensch lernt durch Wiederholungen. Je besser eine Information im Gehirn vernetzt werden kann, desto weniger Wiederholungen sind notwendig. Unerlässlich sind sie jedoch für alltägliche Informationen trotzdem. Nur wenige Informationen, in der Regel solche, die mit einer enorm starken emotionalen Beteiligung einhergehen, kommen ad hoc ins Langzeitgedächtnis. Wozu sollte ein ganz normales Auto, das gerade vorbeifährt, auch ein Leben lang im Gedächtnis bleiben? Das würde keinen Sinn machen und wäre wenig effizient. **Deshalb ist wiederholtes Verwenden einer Information das Signal für das Gehirn, dass eine Information wichtig ist; wichtig genug, um abgespeichert zu werden.** Das ist auch der Hauptgrund, warum Informationen aus Tageszeitungen so schnell vergessen werden. Man verwendet, sprich wiederholt sie nicht. Als Wiederholungen gelten für das Gehirn Denkprozesse wie die Informationen mit anderen zu teilen, darüber nachzudenken, in einem anderen Kontext zu nutzen. Die Informationen müssen also in irgendeiner Art und Weise verwendet werden. **Stupides papageienhaftes Wiederholen** von Informationen bringt nur **sehr wenig Erfolg bei immens hohem Wiederholaufwand.**

Wichtig ist auch der Zeitabstand zwischen den Wiederholungen. Wenn Sie Informationen 6-mal über 3–4 aufeinanderfolgende Tage hinweg durch Denkprozesse verwenden, werden Sie im Langzeitgedächtnis haften bleiben. Längere Zeitabstände verringern die Behaltensrate.

Hier nun eine Übung, mit der Sie testen können, wie gut Ihr Gedächtnis für Einzelheiten jetzt schon ist.

Die geistige Leistungsfähigkeit erhalten

Begriffe-Erinnerungs-Übung 1

Ziel: Diese Übung soll Ihnen zeigen, wie gut Sie Ihr Gedächtnis einsetzen.

Vorgehen: Bitte lesen Sie die folgenden 12 Begriffspaare jeweils paarweise von links nach rechts. Schauen Sie mit einem Blick auf das jeweilige Wort. Versuchen Sie, sich schon beim ersten Durchlesen alle zu merken. Sie haben dafür 20 Sekunden Zeit. Bitte stoppen Sie die Zeit.

Computer
Ente
Kirche
Wissenschaft
Lampe
Pflanze
Feuer
Schrankwand
Auto
Schaukelstuhl
Paket
Koffer

Stuhl
Dreieck
Ferrari
Baum
Ferienhaus
Gabel
Aluminium
Riese
Wasserfall
Apfel
Balkon
Wasser

Bitte notieren Sie nun auf den folgenden Leerzeilen die Wörter, die Ihnen nach dem Lesen der vorigen Übung noch in Erinnerung geblieben sind. Bitte schauen Sie dazu nicht mehr auf die Liste. Befragen Sie Ihr Erinnerungsvermögen und stoppen Sie wieder die Zeit. Geben Sie sich 3 Minuten Zeit.

....
....
....
....
....
....
....
....
....
....
....
....

Wie viel Wörter konnten Sie bei dieser Übung notieren? Waren es 12 Begriffe, oder vielleicht sogar mehr? Wenn Sie nicht alle Begriffe sicher niederschreiben konnten, lassen sich Ihre Fähigkeiten verbessern.

Bitte verwenden Sie nun die im Abschnitt „Die zwei Hälften unseres Gehirns“ beschriebene Technik ganz bewusst (das Beispiel mit dem Schlüssel) und machen Sie sich Bilder zu den Wortpaaren. Bitte wählen Sie dazu für Sie geeignete Bilder und verbinden Sie Ihre Begriffe zu einer Geschichte.

Nehmen Sie sich bitte die Zeit, die einzelnen Geschichten **auszuschmücken** und sie sich **richtig vorzustellen**, **am besten wie in einem Film**. Je ausgefallener und unmöglicher die einzelnen Geschichten sind, desto leichter behalten Sie diese. Um sicherzustellen, dass Sie alle Paare nennen können, könnten Sie die einzelnen Geschichten miteinander verknüpfen. Hier kommen Beispiele zur Vorgehensweise.

Computer – Stuhl	Sie sitzen schon sehr lange vor einem Computer auf einem unbequemen Stuhl. Ihr Gesäß tut Ihnen schon weh.
Ente – Dreieck	Deshalb watscheln Sie wie eine Ente immer im Dreieck. Eine ganze Menge Leute beobachten das und lachen darüber.
Kirche – Ferrari	Diese Leute flüchten gerade aus einer Kirche, weil Schumi in einem Ferrari um die Sitzreihen fährt.
Wissenschaft – Lampe	Diese Fahrt ist ein wissenschaftliches Experiment, bei dem festgestellt wird, wie lange es dauert, bis die Lampen ausgehen.
Pflanze – Gabel	Als es ausgeht, fährt er über eine Pflanze, deren Blätter wie eine Gabel aussehen. Daher hat die Pflanze den Namen Gabelpflanze.
Baum – Ferienhaus	Diese wächst zu einem großen Baum heran. Den pflanze ich gleich vor mein Ferienhaus.
Feuer – Aluminium	Dieses hat Feuer gefangen. Ich lösche das Feuer mit einer Decke aus Aluminium.
Schrankwand – Riese	Dadurch wird dieses so schwarz, dass ich daraus eine große Designer-Schrankwand für das Wohnzimmer machen lasse, in der sogar ein Riese Platz hat, der auch prompt einzieht.
Auto – Wasserfall	Der fährt mit dem Auto heraus, direkt in einen Wasserfall und wird pudelnass.
Schaukelstuhl – Apfel	Erschöpft setzt er sich zum Trocknen auf einen Schaukelstuhl und isst einen Apfel.

Paket – Balkon	Da ein Apfel zu wenig für ihn ist, liefern Sie ihm ein großes Paket mit Äpfeln, das Sie in sicherem Abstand auf seinem Balkon abstellen.
Koffer – Wasser	Dort stellen Sie es direkt neben einen Koffer, der gluckert. Neugierig öffnen Sie den Koffer und ein Wasserschwall kommt heraus. In dem Koffer war tatsächlich nur Wasser.

Achten Sie bitte darauf, dass Sie sich eigene interessante Bilder zu jedem Wortpaar überlegen. Eigene Bilder sind fast immer besser als fremde Bilder. Dann können Sie die kommende Übung mit Bravour hinter sich bringen.

Begriffe Erinnerungs-Übung 2

Ziel: Die gegebenen Wörter so miteinander zu vernetzen und zu verbinden, dass sie hier nahezu vollständig wiedergegeben werden können.

Vorgehen: Bitte versuchen Sie sich bei den Begriffen der Erinnerungs-Übung 1 pro Begriffspaar eine kurze Geschichte auszudenken. Wichtig ist, dass Ihre Kurzgeschichte ausgefallen und ungewöhnlich ist. Sie können auch die Geschichten auf den vorigen Seiten verwenden. Wichtig ist, dass Sie sich die Geschichten gut vor Ihrem inneren Auge vorstellen.

Computer	Stuhl
Ente	Dreieck
Kirche	Ferrari
Wissenschaft	Baum
Lampe	Ferienhaus
Pflanze	Gabel
Feuer	Aluminium
Schrankwand	Riese
Auto	Wasserfall
Schaukelstuhl	Apfel
Paket	Balkon
Koffer	Wasser

Wenn Sie beim letzten Wortpaar angekommen sind, rufen Sie sich alle Geschichten ins Gedächtnis zurück und notieren auf den folgenden Zeilen die Wortpaare, die Ihnen bei den Geschichten einfallen.

....	....
....	....
....	....
....	....
....	....
....	....
....	....
....	....
....	....
....	....
....	....
....	....

Wie viele Wörter haben Sie bei dieser Übung notiert? Sicher war es mehr als bei der vorangegangenen Übung. Vielleicht konnten Sie sich sogar an alle Wortpaare erinnern.

Bei der folgenden Übung können Sie Ihre Fähigkeiten mit neuen Wortpaaren ausprobieren. Zusätzlich sollten Sie Ihr Wissen über die Fixierungen anwenden, indem Sie nur eine Fixierung pro Wort machen und sich gleichzeitig interessante Geschichten ausdenken. Lassen Sie sich ruhig etwas Zeit dabei. Die Geschwindigkeit kommt mit der Übung.

Begriffe Erinnerungs-Übung 3, Teil 1

Ziel: Die gegebenen Wörter mit interessanten Geschichten so miteinander zu vernetzen, dass sie später nahezu vollständig wiedergegeben werden können.

Vorgehen: Bitte versuchen Sie, bei der folgenden Wortliste pro Wort nur eine Fixierung zu machen. Gehen Sie wieder paarweise von links nach rechts vor. Während Sie auf das linke Wort einer Reihe schauen, stellen Sie es sich bitte bildlich vor. Danach gehen Sie bitte zum rechten Wort der Reihe und versuchen sich eine kurze Geschichte auszudenken, in der jeweils beide Begriffe vorkommen. Hilfreich ist es, wenn Ihre Kurzgeschichte ausgefallen und ungewöhnlich ist. Gehen Sie danach zur nächsten Zeile über und bilden Sie ebenfalls pro Wortpaar eine interessante, ausgefallene Geschichte usw. Sie können auch mehrere Kurzgeschichten miteinander verketten.

Hund	Fußboden
Aluminiumfolie	Huhn
Porsche	Glas
Kran	Kreissäge
Gehirn	Wald
Wilderer	Schiff
Tannenbaum	Kerzen
Bilder	Wasser
Herz	Badezimmer
Quelle	Gebiss

Jetzt bitte die Wortpaare nicht mehr anschauen. Gehen Sie zum Erinnerungsteil über.

Begriffe-Erinnerungs-Übung 3, Teil 2

Ziel: Alle in der vorigen Übung miteinander vernetzten Wortpaare wieder erinnern.

Vorgehen: Bitte erinnern Sie die Kurzgeschichten und notieren Sie die Wortpaare hier auf.

....

....

....

....

....

....

....

....

Hat es diesmal besser funktioniert? Konnten Sie alle 10 Paare zusammenfügen?

Wenn Sie bei jedem Wortpärchen gedanklich interessante Bilder gebildet haben, hatten Sie es leichter.

Sollte Ihnen das aber wider Erwarten nicht gelungen sein, könnte es daran liegen, dass für Sie die Bilder nicht auffallend genug waren. Es kommt also eher darauf an, dass sie auffallen, als dass sie stimmig sind.

Für die Merkfähigkeit gilt der Grundsatz:

Wir merken uns leichter, wenn etwas
1. unseren Erfahrungen widerspricht,
2. ungewöhnlich ist und auffällt.

Wer sich also ausgefallene, vielleicht sogar der Wirklichkeit widersprechende Bildkombinationen ausdenken konnte, wird sehr erfolgreich bei dieser Übung gewesen sein. Ansonsten ist es einfach Übung und Gewohnheit. Wir denken den ganzen Tag über unbewusst in Bildern. Der Unterschied ist, hier machen Sie es bewusst.

Diese Technik verhilft Ihnen zu einem **besseren Gedächtnis durch die Vernetzung von analytischen mit visuellen Verarbeitungsprozessen**. Dadurch werden Sie auch **von den gelesenen Inhalten mehr behalten**.

Es rentiert sich also, solche Übungen zu machen. Am besten in Situationen, in denen Sie sich sowieso bestimmte Dinge merken möchten. Dann haben Sie auch gleich einen direkten Nutzen davon. Zum Beispiel beim Einkaufen, denn ... neben den beiden bereits genannten Grundsätzen des leichteren Merkens gibt es aber noch einen dritten:

3. Wir merken uns auch das leicht, was mit unseren Erfahrungen übereinstimmt.

Nach diesem Grundsatz könnten Sie künftig einkaufen. Stellen Sie sich Ihren Einkaufsladen gedanklich vor. Zuerst kommen Sie am Obst vorbei und die Verkäuferin wirft Ihnen zielsicher Äpfel nach. Anschließend kommt das Gemüse, das ganz von allein in Ihren Einkaufswagen hüpft. So gehen Sie gedanklich im gesamten Laden umher und stellen sich vor, wie die einzelnen Artikel Ihren Einkaufskorb füllen. Wenn Sie dann im Laden Ihren Rundgang machen, wird Ihnen sofort einfallen, was Sie in Ihren Einkaufskorb legen wollten.

Übung zu besseren Gedächtnisleistungen

Ziel: Training Ihres Gedächtnisses

Vorgehen: Statt mit einem Einkaufszettel einzukaufen, können Sie versuchen, sich die einzukaufenden Produkte zu merken und sie gedanklich miteinander zu verknüpfen. Das geschieht ganz einfach, indem Sie sich Ihren Weg durch den Einkaufsladen vorher gut vorstellen. Zusätzlich können Sie die einzukaufenden Gegenstände auf einem Zettel in der Reihenfolge notieren, in der Sie diese sehen werden, wenn Sie durch das Geschäft gehen.

Mit diesem vorbereitenden Aufschreiben machen Sie sich ein Bild vom gesamten Einkauf. Sie wissen ja, ein Bild bleibt länger haften als abstrakte Worte. Daher kann es Ihnen helfen, wenn Sie neben das Wort den Gegenstand zeichnen. Sie können sich dann besser erinnern. Sie werden sehen, dass Sie nichts Wichtiges vergessen. Viel Spaß beim vollständigen Einkauf!

Übrigens: Sollten Sie beim Einkaufen dennoch etwas vergessen haben, könnte es auch daran gelegen haben, dass Ihr visuelles Bild von den einzukaufenden Gegenständen nicht deutlich genug war. Dann arbeiten Sie bitte an prägnanten, deutlichen gedanklichen Bildern. Vielleicht nehmen Sie ein Bad in der Buttermilch, statt sie einfach nur zu trinken.

Bitte machen Sie solche Übungen so oft wie möglich. Mehr und mehr Menschen klagen über ihr schlechtes Gedächtnis, ohne es zu trainieren. Dem können Sie leicht abhelfen. Nutzen Sie Ihr Gedächtnis, wo immer Sie können.

Sie können Ihrem Gedächtnis im Alltag
nichts Besseres antun,
als es zu benutzen.
Im Gegenzug bedeutet dies auch,
dass Sie Ihrem Gehirn
nichts Schlimmeres antun können,
als es zu schonen.
Trainieren Sie es und haben Sie Spaß dabei!

Wichtig ist auch bei angestrebten besseren Behaltensleistungen das ständige Anwenden. Nach längeren Unterbrechungen erfordert es eine Reaktivierung, um an alte Leistungen anzuknüpfen. Diese Situation ist im Kleinen vergleichbar mit den Anlaufschwierigkeiten im Büro, die wir nach einem längeren Urlaub haben. Inzwischen ist allgemein bekannt, dass nicht nur Hochleistungssportler nach längerer Pause erheblich stärker trainieren müssen, um an ihre alten Leistungen wieder anknüpfen zu können. Viele von uns sind in ihren Arbeitsleistungen vergleichbar mit Hochleistungssportlern.

Könnte das ebenfalls ein Ansporn für Sie sein, Ihre Gedächtnisleistungen ständig zu trainieren? **Beginnen Sie mit Dingen, mit denen Sie sich gerne beschäftigen oder die Sie schon immer einmal können wollten.** Dann macht es Spaß.

Das rationelle Lesen an Bildschirm und Display

Das papierlose Büro wird mehr und mehr Wirklichkeit und das Lesen am Bildschirm oder Display ist für viele von uns inzwischen Alltag geworden. Gleichgültig, ob PC, Laptop, Tablet oder Smartphone ... das **Lesen am Bildschirm wird in der Regel als anstrengender empfunden als das** Lesen **auf** dem **Papier**.

Das **schnelle rationelle Lesen lässt sich an Bildschirmen und Displays ebenfalls verwirklichen**, solange die Voraussetzungen für ein gutes Erkennen des Textes gegeben sind.

Tablets, Ebook-Reader, Smartphones und Co.

Die technischen Weiterentwicklungen bieten einige Alternativen zur gedruckten Literatur. Grundsätzlich lassen sich alle Regeln des schnellen, effizienten Lesens sowohl auf elektronischen Medien aller Art als auch auf Papier anwenden.

Wichtig ist, welche Möglichkeiten Sie haben, Ihr Gerät zu halten. Wenn Sie elektronische Medien beim Lesen wie ein normales gedrucktes Buch halten können und dabei keine Blendwirkungen einsetzen, so ist das prima für die Augen und die Körperhaltung.

Zudem bieten nahezu alle Geräte inzwischen die Möglichkeit, die Anzeige des Textes individuell anzupassen. Schauen Sie hierzu explizit nach Einstellungsmöglichkeiten zu

- Zeilenlänge,
- Schriftgröße,
- Schriftart,
- Zeilenabstand,
- Helligkeit,
- Kontrast,
- Blaulichtfilter,
- Markierungen/Hervorhebungen,

- Notizen erstellen,
- Markierte Textstellen/Notizen exportieren.

Der Text wird durch diese Optimierungen automatisch lesefreundlicher. Deshalb finden Sie auf den folgenden Seiten viele nützliche Tipps zur Optimierung des Lesens am Bildschirm. Was für den PC gilt, gilt auch für Ebook-Reader, Smartphones & Co.

Die Augen haben es am Bildschirm nicht leicht

Für jeden Menschen, der länger vor dem Bildschirm sitzt und dort konzentriert arbeitet, treten Belastungen für die Augen auf. Je älter die eingesetzten Geräte sind, desto eher können diese Belastungen auf Dauer schädlich sein. Unangenehme Begleiterscheinungen können jedoch reduziert werden.

Die Augen sehen gleich vor mehreren Herausforderungen:

1. Da weniger geblinzelt wird, sind die Augen in der Regel **trockener**. Dies kann zu **Augenreizungen** führen.

2. Ist die Textformatierung nicht ideal, fällt es schwer, den Text zu erkennen und die **Anzahl der Regressionen steigt**. Die **Konzentration leidet** darunter.

3. Die Augen müssen, je nach Bildschirmansicht, sehr breite Zeilen überblicken, ein viel zu großer Blickwinkel von 30 bis 35 Grad wäre dann nötig. Das **fördert das Wort-für-Wort-Lesen** und ist daher dem schnellen Überblicken der wichtigen Textteile abträglich.

4. Vom Ende einer langen Zeile müssen die **Augen zum Beginn der nächsten Zeile springen**. **Das kann schwierig sein**, insbesondere wenn die Bildschirmschrift sehr klein ist und die Zeilen sehr lang sind.

5. Es ist **zu viel auf dem Bildschirm** zu sehen.

6. Die **Bildschirmfarben und -helligkeit** sind für die Augen ungewohnt und **strengen** die Augen erheblich mehr **an**.

Diese Schwierigkeiten müssen nicht sein. Es gibt eine Fülle von Abhilfemaßnahmen, auf die im Folgenden eingegangen wird.

Full HD-Display versus E-Ink-Technologie

Zur Anzeige auf LCD und LED-Displays werden Bildschirmfrequenzen erzeugt. Das bedeutet, das Bild wird in schnellen Wechseln kontinuierlich neu aufgebaut. Dieser Wechsel wird von den Menschen als unterschiedlich anstrengend empfunden.

Kommt die I-Ink-Technologie, auch E-Paper-Technologie genannt, zum Einsatz, wie beispielsweise bei den klassischen Ebook-Readern, wird das Bild lediglich beim Umblättern neu aufgebaut. Die Reflektionen werden durch den meist lichtgrauen Hintergrund reduziert. Dadurch kann das Lesen in der prallen Sonne für die Augen sogar angenehmer sein als das Lesen auf weißem Papier.

Diese Effekte machen sich vor allem bei langen Lesezeiten bemerkbar.

Erleichterungsmöglichkeiten beim Lesen von Texten am Bildschirm

Wichtige Informationen auf dem Bildschirm müssen ebenfalls genau gelesen werden. Eine sinnentstellende Veränderung kann manche guten Gedanken plötzlich unverständlich erscheinen lassen und letztlich unnötige Mehrarbeit bedeuten.

Wer oft Texte am Bildschirm liest, kann sich das Lesen einfacher und weniger anstrengend gestalten. Hierzu einige Tipps:

Die Anordnung des Bildschirms

Die obere Bildschirmkante sollte **nicht höher als in Augenhöhe** angeordnet sein. Je höher auf den Bildschirm geschaut wird, desto weniger wird geblinzelt und die Augen werden weniger befeuchtet. Folge: Trockenheitsgefühl in den Augen.

Eine **Entfernung von ungefähr 80 bis 100 cm** ist zudem ideal. Dann werden Sie die Blickspanne richtig ausnutzen und mehr Informationen aufnehmen können. Zusätzlich strengen Sie Ihre Augen nicht so an, und Sie ermüden nicht so stark. Kann ein Abstand von 80 cm aufgrund der Lesbarkeit nicht möglich sein, wäre es vielleicht eine Überlegung wert, sich eine **Bildschirmbrille** (Arbeitsplatzbrille) zuzulegen. Bildschirmbrillen können eine enorme Erleichterung für die Augen sein.

Um den Augen zwischendurch etwas Entspannung zu gönnen, kann regelmäßiges **Palmieren** empfohlen werden. Informationen hierzu finden Sie im Abschnitt „Augen entspannen durch Palmieren" des Kapitels „Die Augenmuskeln trainieren".

Die Beleuchtung

Sorgen Sie für eine für Sie angenehme Beleuchtung. Es sollte **keine Blendwirkungen oder Spiegelungen durch Lampen oder Tageslicht** auf der Bildschirmoberfläche geben.

Die Bildschirmfarben

Obwohl die einzelnen Bildschirmfarben für jeden individuell mehr oder weniger anstrengend sind, lassen sich dennoch bestimmte Farben empfehlen und andere nicht.

Als ungünstig, also **anstrengend** für die Augen, gelten **nebeneinander dargestellte Komplementärfarben** wie „blau und gelb oder rot und grün". [43]

Als günstig dagegen **gelten schwarz und weiß**. Achten Sie auch darauf, nicht zu viele Farben auf dem Bildschirm zu haben. Viele Farben strengen das Auge mehr an, als schwarz oder weiß. Inzwischen bieten viele Bildschirm- und Tablet-Hersteller Standardeinstellungen mit **dunklem Hintergrund** an. Es mag zunächst etwas ungewöhnlich wirken. Probieren Sie die unterschiedlichen Möglichkeiten einfach einmal ein paar Tage lang aus und entscheiden Sie dann, was Ihren Augen mehr entgegenkommt. Sie erkennen

---

43 Bruno Klumpp: Der Schutz der Augen bei der Bildschirmarbeit, Verlag Klumpp, Seite 29.

die richtigen Farben daran, dass die Augenschmerzen gegebenenfalls nachlassen und die Augen selbst weniger schnell ermüden.

Aktivieren Sie den **Blaulichtfilter**, wenn Ihre Hardware oder Ihr Betriebssystem dies zulässt. Der Blaulichtfilter ist zum Teil auch über die Systemeinstellungen Ihres Betriebssystems einstellbar. Kann kein Blaulichtfilter eingestellt werden, so können auch Bildschirmbrillen damit versehen werden. Hierzu kann Ihnen Ihr Optiker sicher nähere Auskünfte geben.

Bei den meisten Smartphones und Tablets kann inzwischen ebenfalls ein Blau(licht)filter aktiviert werden.

Die Bildschirmschriften

Die meisten Bildschirmschriften sind heute gut lesbar. Manche PC-Benutzer haben es sich angewöhnt, so viel wie möglich auf eine Bildschirmseite zu packen. **Lange Zeilen in kleinen Schriftgrößen sind jedoch schwerer lesbar als kürzere Zeilen mit größerer Schrift.**

Über die **Zoomeinstellung** kann ebenfalls eine angenehmere Situation hergestellt werden.

Die Maus-Scrollfunktion

Stellen Sie die **Scrollfunktion** Ihrer PC-Maus so ein, dass Sie optimal vorwärtsblättert. Die entsprechenden Einstellungen finden Sie in der Hardware- bzw. Mauskonfiguration, die sich in der Systemsteuerung Ihres Betriebssystems befindet. Hier Anpassungen vorzunehmen zahlt sich vor allem beim Lesen von langen Texten aus.

Leseoptik von Texten am Bildschirm verbessern

Lesen Sie Texte am Bildschirm, so hat die Digitalisierung den Vorteil, dass sich die Optik eines Textes **mit nur wenigen Klicks optimieren** lässt. Zwar gibt es in vielen Programmen inzwischen auch Leseansichten, diese sind jedoch in der Regel aufwändiger in der Bedienung und nicht individuell auf Ihre Bedürfnisse einstellbar.

Ihr Text bekommt mit nur wenigen Klicks am Bildschirm eine **völlig andere Optik** und ist damit **viel leichter zu lesen**:

Originaltext:

Dies hier ist ein Beispieltext, der Ihnen zeigen soll, wie effektvoll eine andere Textoptik sein kann. Die Textverarbeitungsprogramme bieten hierfür mehrere Möglichkeiten. Alle sind durch wenige Klicks einzustellen. Ist die Auswirkung auf die Lesbarkeit dieses Textes nicht enorm? Diese Änderungen werden durch nur wenige Klicks erreicht. Welchen Text würden Sie lieber lesen wollen?

Optisch optimierter Text:

Dies hier ist ein Beispieltext, der Ihnen zeigen soll, wie effektvoll eine andere Textoptik sein kann. Die Textverarbeitungsprogramme bieten hierfür mehrere Möglichkeiten. Alle sind durch wenige Klicks einzustellen. Ist die Auswirkung auf die Lesbarkeit dieses Textes nicht enorm? Diese Änderungen werden durch nur wenige Klicks erreicht. Welchen Text würden Sie lieber lesen wollen?

So können Ihren Text in einem Textverarbeitungsprogramm optimieren:

1. Wählen Sie eine **für Sie** angenehm zu lesende **Schriftart und Schriftgröße**. Idealerweise verwenden Sie dazu Schaltflächen wie „Schriftart vergrößern“ oder „Schriftart verkleinern“, um die Proportionen beizubehalten. Manchmal reicht es auch schon, den Zoomfaktor der Ansicht zu verändern.

2. Als Absatzformat können Sie „**linksbündig**“ auswählen (Grund: Flattersatz ist besser zu lesen als Blocksatz).

3. Stellen Sie einen **Zeilenabstand** von **1,5 Zeilen** ein. Ihre Augen werden es Ihnen danken.

4. Verändern Sie die Seitenränder. Schmaler Text ist in der Regel besser zu lesen als breiter Text. Ändern Sie deshalb den **Seitenrand** so, dass der Text in einer einzigen Spalte angezeigt wird. Wählen Sie eine **für Sie ideale Breite** aus.

5. Mit einer gut eingestellten **Scroll-Funktion** der Maus können Sie Ihre Texte sehr viel angenehmer und augenschonender am Bildschirm lesen.

Dokumente lesbarer ausdrucken

Manchmal kann es sinnvoll sein, einen Text auszudrucken, um ihn auf Papier zu lesen. Für diesen Fall gelten die vorgenannten Vorschläge ebenso, mit einer kleinen Variation: Punkt 4 wird durch den folgenden Punkt ersetzt:

4. Möchten Sie den Text **ausdrucken**, empfiehlt es sich, das **Spaltenlayout** mit zwei Spalten in einer für Sie angenehmen Spaltenbreite einzustellen. Dies schont die Umwelt.

Leseversionen speichern

Da sich die Optik, wie gerade dargestellt, mit wenigen Klicks verändern lässt, ist es nicht unbedingt notwendig, die geänderte Version abzuspeichern. Haben Sie jedoch eigene Notizen eingefügt, dann kann ein Speichern durchaus interessant werden. Hier ein einfacher Trick: Speichern Sie Ihr Originaldokument mit dem **Zusatz „-O“** für „Originalversion“ im Dateinamen ab. Die formatierte Version bekommt den **Zusatz „-L“** für „Leseversion“. Somit stehen beide Versionen im Dateiverwaltungsprogramm immer direkt untereinander.

Name

Messeorganisation-L

Messeorganisation-O

Abb.: Bei Dateizusätzen, die an den Dateinamen angehängt werden, stehen die Dateien in der Dateiübersicht praktischerweise untereinander.

Manche **Dokumente** sind **für einen größeren Personenkreis** geschrieben. Das heißt, sie **enthalten automatisch auch Text, der für Sie nicht relevant ist**. Arbeiten Sie mit Leseversionen, so können Sie Ihre Leseversion um diesen für Sie überflüssigen **Text kürzen**. Wenn Sie künftig dann in der Leseversion lesen, **beschäftigen Sie sich** automatisch **ausschließlich mit den für Sie wichtigen Inhalten**. Sollte sich der Fokus im Laufe der Zeit ändern, haben Sie das Originaldokument ja dennoch immer sicher zur Hand. **Diese Vorgehensweise empfiehlt sich ebenso für Folienpräsentationen in Dateiform.**

E-Mails am Bildschirm lesen

Fast jedes E-Mail-Programm bietet ein Vorschaufenster, das in der Breite beliebig eingestellt werden kann. Ordnen Sie das Vorschaufenster seitlich zu Ihrer E-Mail-Liste an und **reduzieren** Sie die **Breite Ihrer E-Mail-Anzeige** auf eine Spaltenbreite, die Sie mit einer oder maximal zwei Fixierungen lesen können. Sie erhalten dann schmalere Texte, können Ihre Blickspanne besser ausnutzen und benötigen für den Überblick pro Zeile in der Regel nur eine Fixierung. Dies lohnt sich insbesondere dann, wenn Sie viele lange E-Mails erhalten. Allein dadurch werden Sie Ihre E-Mails um einiges schneller lesen können.

Bei E-Mails ist es ideal, wenn Sie sehr schnell den vermutlichen Inhalt erfassen. Sehr schnell heißt: **kurze E-Mails innerhalb 1 Sekunde**. Um den Inhalt und auch Ihr Interesse daran so schnell zu erkennen, lesen Sie bitte nur den **Absender und den Betreff**. Trainieren Sie sich bitte darin, diese Entscheidung sehr zügig zu treffen.

Sollte Ihnen der Absender unbekannt sein und die Betreffzeile nichts für Sie Interessantes hergeben, ist die Wahrscheinlichkeit recht hoch, dass die gesamte E-Mail Sie nicht interessieren wird. Hier rät es sich, sofort zu schließen und zu löschen. Erhalten Sie von bestimmten Absendern regelmäßig für Sie uninteressante E-Mails? Bitten Sie den Absender vor dem Absenden der Nachricht zu überlegen, ob Sie mit im Verteiler stehen müssen. Allein diese Bitte hilft oft schon, die E-Mail-Flut zu reduzieren.

Erhalten Sie regelmäßig E-Mails mit einem Betreff, der mit dem jeweiligen Inhalt überhaupt nichts zu tun hat, dann kontaktieren Sie mich gerne unter buecher@braintrain.de. Ich gebe Ihnen dann gerne, je nach Situationeinen entsprechenden Tipp dazu. Die Varianten würden hier den Rahmen sprengen.

Für ein diesbezügliches **Selbsttraining** ohne PC schauen Sie beispielsweise in der **Tageszeitung** nur die **Überschriften** an und treffen mit einem Blick auf die Überschrift sofort eine Entscheidung: **Interessant oder uninteressant.** Für dieses Training sollten Sie so pro Zeitungsseite mit **10 Überschriften in etwas weniger als 10 Sekunden** fertig werden und bei jeder Überschrift die Entscheidung getroffen haben. Wenn Sie eine Stoppuhr für diesen Zweck benutzen, erfahren Sie viel über Ihre Zeitfresser. In der Praxis werden Sie bei den interessanten Überschriften detaillierter lesen. Hier dient es nur der Übung.

Wenn Sie diese Tipps beachten, wird dies positive Auswirkungen auf Ihre Augen und Ihre Konzentrationsdauer haben.

Umgang mit Newslettern

Haben Sie Newsletter mit interessanten Inhalten abonniert? Wie häufig passiert es Ihnen, dass Sie den Newsletter einfach wegklicken, weil Sie keine Zeit haben, ihn zu lesen? **Löschen möchten Sie ihn jedoch** nicht, denn irgendwann ... er ist ja interessant. Kennen Sie diese Situation? Wie wäre es mit folgendem Vorschlag?

Lesen Sie Newsletter, für die Sie gefühlt Zeit haben, **sofort**! Lassen Sie sie nicht zum „Lese ich später-Ballast“ werden.

Für die anderen Newsletter möchte ich Ihnen gerne einen Vorschlag machen:

1. Erstellen Sie ein **Dokument** auf Ihrem PC „Interessante Newsletter“.

2. Speichern Sie die Datei an einem Ort, an dem Sie sie **leicht wiederfinden**.

3. **Kopieren Sie die Links** aller interessanten Newsletter in diese Datei und versehen Sie sie mit dem aktuellen **Datum** und einem **Vermerk**, damit Sie sie inhaltlich leicht einordnen können.

4. **Melden Sie sich nun von allen Newslettern ab,** für die Sie momentan keine Zeit haben.

5. **Wenn der Zeitpunkt kommt**, an dem Sie sie lesen möchten und können, finden Sie diese sofort wieder und können sie **erneut abonnieren**.

Diese Vorgehensweise erspart es Ihnen, tagtäglich Zeit für Ballast aufzuwenden, die Sie anderweitig viel nutzbringender einsetzen können. Sie schleppen diese Newsletter dann nicht mehr als Ballast mit und haben trotzdem jederzeit Zugriff auf die gewünschten Informationen.

Es mögen täglich nur wenige Augenblicke sein. Jedoch ... die Summe macht den Unterschied! Ein einfaches Rechenbeispiel: Newsletter anklicken, Bilder downloaden, erkennen, worum es geht, löschen. Nehmen wir einmal an, dies dauert 15 Sekunden. Bei nur 3 Newslettern sind das 45 Sekunden pro Tag. In einer 5-Tage-Woche werden dies 3,75 Minuten. In einem Jahr summiert sich diese Zeit auf 195 Minuten. Das sind mehr als 3 Stunden, nur um Informationen zu löschen, für die Sie sowieso keine Zeit haben. Nur durch diese kleine Routine bekommen Sie 3 Stunden Lebenszeit pro Jahr geschenkt.

Sitzposition und Ernährung

Das Richtige für langes Sitzen

In unseren Seminaren werden wir immer wieder nach der richtigen Sitzhaltung beim Lesen gefragt, insbesondere wenn längere Lern-, Lese- oder Recherchezeiten anstehen. Früher wurde gelehrt, dass eine aufrechte und gerade Sitzhaltung, den Po bis an die Stuhllehne, am besten für die Konzentration sei. Dies stimmt so nicht.

Wichtig beim langen Sitzen ist, **die Sitzhaltung zu wechseln**. Vielleicht haben Sie sogar ein Stehpult, einen höhenverstellbaren Schreibtisch, einen Sitzball, Hocker oder Kniestuhl. Wenn Sie müde werden oder sich Ihre Gliedmaßen bemerkbar machen, ist ein guter Zeitpunkt, die Sitzhaltung zu wechseln.

Es gibt Menschen, die kommen schon nach kurzer Konzentrationsphase vom eigentlichen Thema auf ablenkende Gedanken. Oft liegt das daran, dass diese Menschen lediglich **mehr Bewegung** benötigen und schon können Sie sich besser konzentrieren. Ziehen Sie in Betracht, **während des Lesens herumzulaufen**. Im Garten oder auf Feldwegen könnten Sie mit dem Buch in der Hand lesen und lernen. Prüfen Sie, ob Sie an der frischen Luft lernen können oder ob die Natur eher ablenkend auf Sie wirkt. Ist letzteres der Fall, könnten Sie zu Hause oder im Büro auf und abwandern, sofern dies möglich ist und andere Personen nicht ablenkt.

Die richtige Ernährung fürs Lesen

Die richtige Ernährung beeinflusst nicht nur das Wohlbefinden, sondern kann Mangelerscheinungen vorbeugen. Diese **Mangelerscheinungen** können **Auswirkungen** wie **Konzentrationsschwäche**, **Nervosität** und **Augenschmerzen** haben. Dagegen kann jeder mit der richtigen Ernährung etwas tun.

Das Richtige für die Augen

Wer seinen Augen etwas Gutes tun will, kann mit der richtigen Ernährung viel erreichen. Insbesondere sind die **Vitamine der A-Gruppe** interessant. Diese sind beispielsweise enthalten in Gemüse wie Leber, Grünkohl, Petersilie, Wurzeln (Möhren, Rüben). Wer bei vielem Lesen oder anstrengender Arbeit vor dem Bildschirm und trotz richtiger und ausgewogener Ernährung vermehrt oder immer noch Augenschmerzen hat, sollte einen Besuch beim Augenarzt in Erwägung ziehen.

Das Richtige für die Konzentration

Aus vorherigen Kapiteln wissen Sie nun schon, dass Konzentration und Ablenkung durch die richtige und in der Regel schnellere Lesegeschwindigkeit stark und vor allem positiv beeinflusst werden können. Einige weitere Faktoren sollten jedoch nicht unerwähnt bleiben.

Unsere Ernährung steht auf **sieben Säulen** der vollwertigen Ernährung: Eiweiß, Fett, Kohlenhydrate, Mineralstoffe, Wasser, Ballaststoffe und Vitamine. Die Säule der Vitamine ist für die Konzentrationsfähigkeit besonders wichtig.

Folgende **Vitamine der B-Gruppe** sind **für die Konzentration** besonders **wichtig**:

Vitamin B1: in Vollkornbrot, Getreide, Geflügel, Salat, Tomaten, Nüsse, Pflaumen, Erbsen

Vitamin B6: in Fisch, Kartoffeln, Avocado, Hefe, Bananen, Leber, Nieren

Vitamin B12: in Fisch, Fleisch (je nach Fleischart gibt es hier große Unterschiede im Vitamingehalt), Milchprodukte, Eier, Chlorella-Algen

Was davon schmeckt Ihnen? Es ist sehr einfach, der Konzentration kurz- und langfristig etwas Gutes zu tun.

Wasser

Selbstverständlich Sie wissen bereits, dass unser Körper eine laufende Flüssigkeitszufuhr benötigt. Wussten Sie jedoch auch schon, dass Sie jedes Glas getrunkenes Wasser innerhalb kürzester Zeit an Ihrer Konzentrationsfähigkeit bemerken können? Im Umkehrschluss bedeutet dies, **entsteht Wassermangel, leidet als erstes Ihre Konzentrationsfähigkeit** darunter. „Warum ist das eigentlich so? Der Körper kann doch Wasser speichern!“, denken Sie sich nun vielleicht.

Ja, genau! Nun, wo speichert der Körper das Wasser ab? Im Gewebe, das sich dabei ausdehnt. Das Gehirn ist das einzige Organ, das von einer festen Knochenstruktur nahezu vollständig umgeben ist. Es kann und darf sich also gar nicht ausdehnen. Ein gefährlicher Druck auf das Gehirn wäre die Folge. Da es kein Wasser speichern kann, benötigt es eine regelmäßige Wasserzufuhr. Sie können deshalb jedes Glas Wasser innerhalb kürzester Zeit an Ihrer Konzentrationsfähigkeit messen! **Wasser ist also gesundes Doping fürs Gehirn.** Stellen Sie sich beim Lesen immer etwas zum Trinken bereit. Sie werden es positiv bemerken!

Eine ausgewogene Ernährung mit ausreichender Wasser- bzw. Flüssigkeitszufuhr beeinflussen Ihre Konzentration, Ihre Gedächtnisleistung und Ihr allgemeines Wohlbefinden!

Zusatzstoffe in Nahrungsmitteln

Zusatzstoffe in Lebensmitteln, wie die sog. „Southampton Six“, **können** die **Konzentration** und **Aufmerksamkeit** ebenfalls **beeinträchtigen**. Zu den Southampton Six gehören

- E102 Tartrazin,
- E124 Cochenillerot A,
- E110 Gelborange S,
- E122 Azorubin,

- E104 Chinolingelb und
- E129 Allurarot AC.

Diese Farbstoffe finden bis heute in manchen Softdrinks, Süßigkeiten, anderen Lebensmitteln und Medikamenten Verwendung.

Nebenbei bemerkt: Künstliche Süßstoffe wirken ebenfalls als Konzentrationsbremse.

Konzentrationspause

Ihr Gehirn macht alle 12 bis 15 Minuten eine kleine Konzentrationspause, die Sie in der Regel überhaupt nicht bemerken. Setzen Sie diese **kleine Pause vor dem Lesen** ganz bewusst, so ist das strategisch sehr günstig. Dafür benötigt Ihr Gehirn nicht viel. Eine körperliche Veränderung und ein anderer Gedanke reichen schon aus. Führen Sie beispielsweise ein kurzes Gespräch/Telefonat im Stehen oder verändern Sie Ihre Sitzposition und schauen Sie kurz aus dem Fenster oder schlagen Sie zwei Fliegen mit einer Klappe und holen Sie sich etwas zu trinken.

Grundsätzlich sind auch etwas längere Pausen für die Konzentration wichtig und daher dieser sehr förderlich!

Gönnen Sie sich zwischendrin Pausen und sagen Sie sich: „Ich darf Pause machen, und nach der Pause geht es weiter."

So einfach, und doch, wie oft machen wir dennoch genau das Gegenteil?

Zwei häufig gestellte Fragen

In unseren Seminaren treten zwei bestimmte Fragen immer wieder auf. Hier ein kurzer Abriss mit den häufigsten Antworten.

Frage 1: „Ich habe nicht die Zeit, alles zu lesen. Meist bin ich auch im **Stress**, den ich aber nicht beeinflussen kann. Was kann ich dennoch tun?"

Antwort: Gedankenarbeit erfordert eine gewisse Ruhe. Gehen Sie dann an wichtiges Lesematerial heran, wenn sie wirklich Ruhe haben. Nutzen Sie außerdem Ihre Hochs im Tageszyklus für das Lesen wichtiger Lektüre. Wenn Sie Sorgen haben, sind Ihre Gedanken dann doch ganz woanders. Müssen Sie trotzdem zu stressigen oder sorgenvollen Zeitpunkten lesen, versuchen Sie, sich durch Erhöhung des Inputs, also durch schnelleres Lesen, von den störenden Gedanken abzulenken.

Frage 2: „Ich muss oft für mich **uninteressante Lektüre** lesen, sog. Pflichtlektüre. Wie kann ich das Wichtige dennoch besser behalten?"

Antwort: Wer kein Interesse an seiner Lektüre hat, behält üblicherweise nur wenig davon im Gedächtnis. Sie haben jedoch die Möglichkeit, das Interesse für die Pflichtlektüre künstlich hervorzurufen. Dafür gibt es mehrere Wege:

Weg: Sie suchen sich nur die Textstellen aus dem Text heraus, die für Sie interessant sein könnten (Suchendes Lesen). Damit vermeiden Sie, den Ballast zu lesen und sind schneller fertig. Voraussetzung ist, dass Sie vor Beginn des Lesens wissen, was Sie suchen. Das ist nach unserer Erfahrung kein großes Problem. Bei vielen Texten, die auf Ihren Schreibtisch kommen, wissen Sie ja meist schon aus Erfahrung, was kommen könnte.

Weg: Sie stellen sich vor Beginn jeder Lektüre gezielt Fragen zum Text (Überfliegendes Lesen). Damit wecken Sie das Interesse für den Textinhalt, denn Fragen wollen beantwortet werden. Sollte der Text nicht hergeben, was Sie eigentlich von ihm erwarten, können Sie ihn getrost weglegen.

Übrigens: Hier können Sie bestimmte Übungen dieses Buches etwas abwandeln. Gehen Sie hierzu die Übungen mit den Fragen zum Text (Kapitel: Lesegeschwindigkeit und Textverständnis verbessern) anders an: Lesen Sie zuerst die Fragen und suchen Sie dann ganz gezielt im Text die Stellen, aufgrund derer Sie die Fragen beantworten können. Diese Übung ist sehr effektiv und diese Vorgehensweise spart in der Lesepraxis ungemein viel Zeit.

Vielleicht kennen Sie das Sprichwort:

**Wer nicht weiß, wohin er will,
muss sich nicht wundern,
wenn er ganz woanders ankommt.**

**Bringen Sie Lesen
mit dem richtigen Leseziel
und der dazu passenden Geschwindigkeit
zusammen und kommen Sie dort an,
wo Sie hinmöchten.**

Das bedeutet für das situationsgerechte Lesen: Setzen Sie sich Ziele für das Lesen, bevor Sie einen Artikel, eine Mitteilung oder ein Buch lesen. **Dann gehen Sie effizient und situationsgerecht vor.**

Zum Schluss noch einige Gedanken für Ihre Lesepraxis

„Die Kunst des Lesens ist die geübte Fähigkeit, Seiten zu überblättern, auf denen man nichts versäumt.“

Williams Butler Yeats

„Es ist ein großer Unterschied, ob ich lese zu Genuss und Belebung oder zu Erkenntnis und Belehrung.“

Johann Wolfgang v. Goethe

Langsames Lesen haben Sie inzwischen lange genug getestet und es hat Sie nicht zum gewünschten Ergebnis geführt, weil es nur selten angebracht ist.

Deshalb: Lesen Sie schneller!

Ich wünsche Ihnen viel Spaß beim schnelleren situationsgerechten Lesen! … und auch Erfolg!

Ihre

Gabriele R. Forst

Checkliste zum effizienten Lesen[44]

Mit dieser Checkliste können Sie überprüfen, wie effizient und situationsgerecht Sie lesen. **Nicht alle Fragen dieser Checkliste werden für Sie gleich wichtig sein.** Bitte **prüfen Sie** deshalb bei jeder Frage, **ob sie für Sie** überhaupt oder in Ihrer **jetzigen** Situation **aktuell** ist.

Wenn eine Frage gerade jetzt für Sie aktuell ist und Sie die Frage guten Gewissens mit „Ja" beantworten können, machen Sie bitte einen Haken. Damit ist sie für Sie erledigt, gewissermaßen abgehakt. Dagegen prüfen Sie bitte die Fragen, die Sie nicht „abhaken" konnten.

		Ja
1.	Können Sie sich allgemein gut an soeben Gelesenes erinnern?	□
2.	Wissen Sie noch, was Sie auf den vorhergehenden Seiten gelesen haben?	□
3.	Wenn Sie die Morgenzeitung gelesen haben – wissen Sie auch noch, was Sie im Einzelnen gelesen haben?	□
4.	Müssen Sie viel lesen? Lesen Sie mehr als durchschnittlich zwei Stunden pro Tag, ohne dass Ihnen diese Zeit fehlt?	□
5.	Ist die Menge Ihrer Lektüre in der letzten Zeit gestiegen, ohne dass Sie darunter leiden?	□
6.	Verstehen Sie Ihre Lektüre regelmäßig ausreichend?	□
7.	Ist es richtig, dass Sie bestimmte Passagen Ihrer Lektüre nur extrem selten mehrmals lesen?	□

44 mit freundlicher Genehmigung des Verlages Deutscher Wirtschaftsdienst teilweise entnommen aus: Fred Bohlen: Schneller lesen und mehr verstehen in: MANAGEMENT CHECKLISTEN, Verlag Deutscher Wirtschaftsdienst, Köln.

8. Fühlen Sie sich auch nach längeren Lesen immer noch frisch? □

9. Schalten Sie unnötige Störungen aus, wenn Sie wichtige Lektüre lesen? □

10. Schließen Sie Türen und Fenster, wenn Sie Wichtiges lesen? □

11. Schalten Sie Ihr Mobiltelefon und Ihr E-Mail-Programm während Ihrer Lesezeit stumm oder aus? □

12. Vermeiden Sie während des Lesens den „kurzen Blick zwischendurch" in Ihre Social Media Plattformen? □

13. Vermeiden Sie, wichtige Lektüre zu lesen, wenn Sie sowieso unter Zeitdruck, Konzentrationsmangel, äußerer oder innerer Ablenkung stehen? □

14. Verwenden Sie die eigenen Hochs in Ihrem Tageszyklus für wichtige Lektüre, die Sie auch gedanklich durcharbeiten sollten? □

15. Verschaffen Sie sich ganz bewusst „Zeit für das Lesen"? □

16. Denken Sie über die Ursache nach, wenn Sie das Lesen bestimmter Lektüre immer wieder vor sich herschieben? □

17. Benutzen Sie (auch in diesem Buch vorgestellte) Lesetechniken, um ganz bewusst schneller zu lesen? □

18. Viele lesen ihre Lektüre noch Wort für Wort. Nehmen Sie schon mehrere Worte mit einem Blick auf? □

19. Lesen Sie Ideen anstatt einzelner Worte? □

20. Nutzen Sie schon eine Blickspanne zwischen 4 und 7 cm aus? □

21. Viele Leser lesen immer mit der gleichen Lesegeschwindigkeit. Lesen Sie schon mit unterschiedlichen Geschwindigkeiten? □

22. Praktizieren Sie regelmäßig das schnelle, überfliegende Lesen? □

23. Wissen Sie auch die Hauptaussage eines gelesenen Artikels, wenn Sie diese Technik anwenden? □

24. Unterlassen Sie es immer, die gelesenen Worte gedanklich oder sogar mit den Lippen mitzuformen? □

25. Lesen Sie schwierige Texte von vornherein mit geringerer Geschwindigkeit und behalten auf diese Weise erheblich mehr? □

26. Vermeiden ganz bewusst Regressionen? □

27. Sind Sie sich beim Lesen bewusst, welches Leseziel Sie haben und was Sie mit dem Lesen dieser Lektüre bezwecken? □

28. Wissen Sie bei Ihrer bevorzugten Lektüre, wo das Wichtige in jedem Artikel zu finden ist? □

29. Wissen Sie, dass die meisten Informationen in Zeitungen und Fachzeitschriften einen hohen Prozentsatz Ballast enthalten? □

30. Vermeiden Sie ganz bewusst den Lese-Ballast? □

31. Können Sie Lese-Ballast oder Unwichtiges in Ihrer Lektüre entweder überfliegen oder einfach weiterblättern? □

32. Schauen Sie sich immer zuerst den Titel (die Überschrift) an, bevor Sie anfangen zu lesen? □

33. Stellen Sie sich vor dem Lesen die Frage, was Sie anhand der Überschrift vom Text erwarten? □

34. Lesen Sie die Quintessenz und vermeiden damit den unnötigen Ballast? □

35. Passen Sie die Lesegeschwindigkeit immer an die Bedeutung des Textes an? □

36. Markieren Sie Textteile nach einem bestimmten System? □

37. Notieren Sie sich wichtige Stichworte Ihres Textes? □

38. Machen Sie nach jedem gelesenen Absatz eine kurze Pause? □

39. Rekapitulieren Sie dann tatsächlich das Gelesene? □

40. Prüfen Sie laufend das soeben Gelesene auf Richtigkeit, Logik und Übereinstimmung mit schon vorhandenem Wissen? □

41. Weil unser Gedächtnis Neues mit Bekanntem verbinden muss, ist das gedankliche Vernetzen von Informationen besonders wichtig. Vernetzen (verknüpfen) Sie ganz bewusst neue Informationen mit Ihrem schon bekannten Wissen? □

42. Praktizieren Sie einfache und naturgerechte Gedächtnis-Techniken wie MindMapping, Mnemotechniken zum Merken von Zahlen und Textinhalten? □

Wenn Sie alle Fragen dieser Checkliste mit „Ja“ beantworten können, dürfen Sie sich gratulieren. Dann lesen Sie zwischenzeitlich **mit dem größtmöglichen Behaltenseffekt**.

Falls Sie einige Fragen mit „nein“ beantworten haben, können Sie diese Themenbereiche in einem nächsten Schritt nochmals angehen. Dort liegt noch Potenzial brach, mit dem Sie noch rationeller und effizienter lesen können. Möchten Sie zum Profi im Schnellen Lesen und den anderen gehirngerechten Techniken werden, so freuen wir uns, Sie in einem unserer Seminare zu gehirngerechten Techniken begrüßen zu dürfen. Informationen hierzu finden Sie unter www.braintrain.de.

Register